别让无效社交害了你

朱鸿霏 / 著

文汇出版社

图书在版编目 (CIP) 数据

别让无效社交害了你 / 朱鸿霏著 . — 上海 ： 文汇
出版社 , 2018.11
ISBN 978-7-5496-2737-0

Ⅰ . ①别… Ⅱ . ①朱… Ⅲ . ①心理交往 - 通俗读物
Ⅳ . ① C912.11-49

中国版本图书馆 CIP 数据核字 (2018) 第 236980 号

别让无效社交害了你

著　　者 / 朱鸿霏
责任编辑 / 戴　铮
装帧设计 / 末末设计室

出版发行 / **文匯**出版社
　　　　　　上海市威海路 755 号
　　　　　（邮政编码：200041）
经　　销 / 全国新华书店
印　　制 / 河北浩润印刷有限公司
版　　次 / 2018 年 11 月第 1 版
印　　次 / 2022 年 07 月第 2 次印刷
开　　本 / 710×1000　1/16
字　　数 / 155 千字
印　　张 / 15

书　　号 / ISBN 978-7-5496-2737-0
定　　价 / 45.00 元

请停止无效社交

在当今这个 80 后、90 后占据主体地位的社会中，我们发现了一个很严重的现象：因为大多数家庭都是独生子女，这就造成了孩子从小就像皇帝、公主一样集万千宠爱于一身，也造成了他们做什么事情都喜欢以自我为中心，不顾及他人的感受。

在家里，家人会因为溺爱让着你；在学校里，因为你还是孩子，老师也不会过度地苛责于你——但是步入社会后，你会发现没有人再对你忍让了。

这时，如果你还是一切以自我为中心，不懂在社会中如何与他人交往，你会处处受人排挤，而且没有人会喜欢你。

有句话说很好："人在江湖飘，哪能不挨刀。"每个人都身在江湖，而面对如今这个竞争激烈的社会，你若是不懂一些"江湖规矩"，不懂社交礼节，迎接你的只能是一把把"飞刀"。

所以，想要在这个社会中生存，你首先要学会与他人的相处之道。

　　步入社会后，你会发现遇到的不再是在家里时迁就你的亲人，不再是在学校里时跟你一样的学生，而是形形色色有着不同性格、思想的社会人士。如何与他们打交道及能否获得成功，这关系到你能否在社会上如鱼得水。

　　这个社会不会是你一个人的，你只是在大环境中生存的一员。在这个社会中，你需要别人，也要做一个别人需要的人，这样你才能更好地生存下去。

　　当你遇到困难时，你一定需要他人的帮忙；当你寸步难行时，你更需要他人推你一把。所以，当你稍有成就时，一定不能得意忘形……这些都是你在这个社会中生存需要懂得的规矩，也就是我们俗称的社交。

　　希望每一位读者能够从此书中得到启发，以便在社交场合中做到游刃有余。

目　录
Contents

Part 3: 在社交的舞台上，做一个最出色的演员

Part 4: 做个善解人意的人，怼人并非你社交的目的

Part 9：饭局里的智慧，原来吃饭并不那么简单

Part 10：谈判会场，双赢才是最好的选择

Part 1：

你的社交要有质量，不要只有数量

用得动的才是人脉

真正的社交是给予多过索取

话锋不对立刻转移，在"拐角"投其所好

让人视你为知己，有相见恨晚之感

丢掉羞怯，迈出社交的第一步

多点幽默感，为陌生的环境增添欢乐

培养亲和力，为你带来好人缘

▶ 用得动的才是人脉

许多人常把"多个朋友多条路，少个敌人少堵墙"这句话挂在嘴边，认为朋友越多，出路越多；而认识高端人士，就自诩有了高端人脉。

阿瑶就是这样，她的微信列表有 700 多个好友，亲友、同学、同事、邻居，就连送外卖的小哥她都加了微信。但是，她跟 90% 的微信好友都不常联系，有的好友甚至加了两三年都没说过一句话。

每次朋友劝阿瑶清理一下朋友圈，她就用一副"过来人"的表情说："哎，你们不知道，A 学的是美术，万一哪天我需要找人学画画呢？B 在医院当护士长，要是谁生病了，不是能帮着挂个号吗？C 的表哥是当红小鲜肉的助理，要签名多方便呀。"

总之，她留着这些联系方式，就是盘算着将来某一天他们能帮到自己。可谁也不是傻瓜，如果你不能给对方带来利益，人家凭什么被你白白利用呢？

所谓"人脉"不是指你认识多少人，而是能用得上且用得动几个朋友。就拿阿瑶来说吧，前段时间，她和同事小米在茶水间聊明星八卦，小米说自己的偶像是张××，她接话道："啊，你是他的粉丝呀！我朋友是他的助理，我帮你要一张他的签名吧。"

小米听了特别高兴，下班还特意请她喝咖啡。

晚上，阿瑶就给C发微信，说想让他表哥帮自己要一张张××的签名照。几分钟后，C回复说："哦，我们两家只是表亲，这么点小事就别麻烦人家了。"

阿瑶又发了几条消息，无非是想让C帮帮忙，可C再也没回复她。最后，为了实现自己的承诺，她从网上花500元从另一位粉丝那儿买了一张签名照送给了小米。

那段时间，小米和阿瑶走得特别近，逛街、看电影、喝咖啡，参加什么活动都在一起。当时，阿瑶觉得这钱花得特别值！

几个月后，阿瑶跳槽了。自从她离职以后，小米就不怎么跟她联系了。有一回，她房租到期打算搬家，给小米打电话，谁知小米却在电话里推三阻四，根本不愿意来帮忙。

阿瑶再翻阅微信列表，发现能叫得动的朋友就两个。那一刻，她觉得自己保留那么多微信好友是件特别愚蠢的事。

像阿瑶一样注重交际的人不在少数，利用校园、公司等平台建立的"人脉"，一旦离开那些平台，她和对方的互利价值就土崩瓦解，自然，她也变成一个无关紧要的人了。

电视剧《欢乐颂》中的邱莹莹失业后，不少网友评论说："安迪和曲筱潇那么有本事，小邱为什么不找她们帮忙呢？"

安迪是职场精英，曲筱潇是富二代，而邱莹莹一没背景二没能力，虽然认识了两位高端大咖，可她不能给她们带来任何利益。社交不是做慈善，没有人愿意做"光投资，没回报"的事。

我们可以进行一个假设：小邱对安迪、曲筱潇提出介绍工作的要求，这两个人会有什么样的反应呢？

安迪："抱歉，小邱，我无法介绍适合你的工作。"

曲筱潇："你要是没点真本事，我凭什么帮你介绍工作？"

不少人都积极钻营人际关系，千方百计地想从别人身上讨到好处，认为广泛交友是在积累人脉，并将人脉的作用夸大到无以复加。殊不知，你积累的根本不是人脉，而是通信录。

肯尼迪曾说："不要问别人能带给你什么，首先要问你能带给别人什么。"

社交蒸发冷却效应可以总结如下：最想认识别人的人，往往是别人最不想认识的人；最想约会女神的人，往往是女神最不想约会的人；最想说话的人，别人往往最不想听他说话。

所以说，认识≠人脉，能够实现互惠的社交才是人脉。

邱莹莹想和安迪做好朋友很难，想和曲筱潇做好朋友也很难，但是安迪和曲筱潇做好朋友很容易，因为她们的位置是对等的。人脉需要经营和互惠，那些虚无缥缈的人际关系于你而言没有任何价值，拥有一段可靠的社交关系、一个用得动的人脉就足够了。

▶ 真正的社交是给予多过索取

很多人的社交目的是为了有个好人缘，以便让别人在关键时刻拉自己一把。实际情况是，你的身边大多都是点头之交，平时见面寒暄一下，如果你向他提出什么要求，八成他会毫不犹豫地拒绝你。

回忆一下你和他人的交往，你会发现，朋友和点头之交最明显的分界线，就是你们联系的渠道和频率。比如，你经常跟朋友逛街、吃饭，到彼此家中做客，而和点头之交的交往则是通过社交软件。

想要保证社交对象的质量，就要学会控制朋友圈，不能把认识的人都囊括到里面来。如果你们在某个层面无法实现互利共赢，那么，你们的交往就是分散精力、徒增烦恼的无效社交。

自从微商这个职业火了以后，不少人前赴后继，投身朋友圈做销售事业。笑笑也想分一杯羹，从熟人那里拿了2000多元的减肥产品，成为某品牌的高级代理。

熟人跟她说，先通过附近的人、各个社交平台加好友，然后再把她拉到一个微商培训群，会有销售老师教她如何经营自己的朋友圈。

笑笑心想："扩展好友这事也太简单了，只要我跟朋友们说一声，让他们的朋友、同学都加我就行啦！"但令人感到意外的是，朋友一个个都答应得挺痛快，可等了半天就是没人加她。

过了几个小时，笑笑忍不住了，跟一个朋友说："我之前听你说，你姐一直想减肥，你把她的微信号给我呗，我给她介绍一下我代理的产品。"

几分钟后，朋友回复说："嗯，刚才我问我姐了，她打算办健身卡，运动减肥。"

笑笑不死心地说："哎呀，运动减肥太慢啦，万一坚持不下来健身卡就白办了。你跟你姐说一声，先了解了解嘛，我代理的产品也不贵，200 多元一个疗程，一周就见效。"

朋友发了个笑脸的表情，答应会跟她姐说。两分钟后又回复笑笑，说她姐就想运动减肥，不打算吃减肥药。

折腾了三四天，笑笑才加了三十几个人。她在微信上跟我吐槽："这帮朋友真是白交了，让他们帮我推销一下产品都推三阻四的。"

我敷衍着跟她聊了一会儿，找借口结束了对话。

其实，如果笑笑找我帮这个忙，我也不会帮。市场上的减肥药大多都有副作用，而且这两年关于减肥药的负面新闻也有不少，万一笑笑代理的减肥药没有效果，甚至会吃坏身体，那不是坑害朋友吗？帮她宣传，对其他人来说，只能是有百害而无一利。

基思·法拉奇在《别独自用餐》中提出了这样的观点：真正的社

交是使别人更成功，是努力让给予大于索取。如果你不断地向别人索取好处，而无法给对方带来利益，那么结果就会像大熊一样。

前段时间，大熊去一家汽车保险公司上班。总经理说，一个月达到三个单子的业绩，就能升任主管。大熊心想，我可以先找几个熟人买车险，这样我就能当上主管了，待遇也会有所提高。

过了三个月，大熊辞职了。我问他："公司待遇不是挺好的吗，怎么不干了呢？"

大熊告诉我，原来只有每个月业绩都达标才能被提拔当主管，他就第一个月业绩达标了，后面两个月里连一份车险都没有卖出去。

"想想也是，要是卖出几份车险就能当主管，那公司大多职员都是主管了。可是，我也没那么多朋友需要买车险呀，向陌生人推销车险接二连三遭到拒绝，所以就辞职了。"大熊无奈地说。

之前购买大熊推销车险的朋友，是因为他们本身就需要买车险，而且大熊还能给他们一些优惠，所以愿意购买。但是，其他朋友并没有买车险的需求，又怎么会花钱买人情呢？

回顾以往的社交经历，你会发现，越是要好的朋友，你们之间互助的事就越多。比如，你搬家时会请好友来帮忙，好友遇到麻烦时也会向你求助。

正如《别独自用餐》中说的那样：我们生活在一个互相依存的世界，所有的组织单位都在寻找自己的合作伙伴，自由人越来越多。他们也发现，只有与他们合作才能实现自己的目标。人们越发清晰地意识到，在零和游戏中，虽然有一方获取了所有利益，但从长远来看，双方都得不到好处。

然而，很多人都不明白社交的意义，采用"鸵鸟社交"的方式——他们像鸵鸟一样把头埋在沙子里，认为社交只实现自己的目的就可以了。事实是，你能为他人创造价值，他人才会渴望与你接触——双赢才是社交关系中不可或缺的纽带。

▶ 话锋不对立刻转移，在"拐角"投其所好

在交际中，我们难免会遇到话不投机时的冷场，这时我们不能放弃交流，而要赶紧转换到新话题，避免让窘态继续下去。

很多时候，在沟通时我们还需要找对方感兴趣的话题，投其所好，这样才能把话说到他的心窝里去，赢得他的好感。有人说过："如果你转换的话题能让人感兴趣，那么，你就是很厉害的沟通高手。"

有这样一个案例：上半年，吴玉被调到市场招商部门，每天的工作以"扫商业街"为主——挨门挨户去跟老板谈下一年的续约。

刚开始的一个星期，吴玉很不适应招商的工作，她每天早上都去

门店晨访，可不知道自己该带什么礼物。由于早上店老板都比较忙，她觉得只打招呼又不太好。有时候下午去店里拜访，又不知道跟老板聊什么，怎么才能聊到老板感兴趣的话题，天天为工作的事发愁。

于是，经理让余薇教教吴玉如何拉近与店老板的关系。

这天，余薇买了份早点和吴玉一起到姜女士的店里拜访。姜女士开了一家服装店，她正忙着整理服装。

余薇关切地问："姜姐，今天这么忙呀？"姜女士回答："昨天新到了一批女装，还没来得及摆出来，这不，现在正整理着呢！"

余薇："你还没吃早餐吧？"姜女士摇摇头说："忙活一个多小时了，等中午的时候再吃吧。"

余薇："早上我从店前路过就看见你在忙，猜到你还没吃早餐，这不，我给你买了一份。你先去吃点东西吧，剩下的这几件衣服，我跟小吴帮你整理。"

姜女士连声道谢，说："哪儿能麻烦你们呀，就这几件衣服一会儿就弄完了，你们先在沙发上坐会儿吧。"

姜女士忙完后，跟余薇、吴玉聊天。吴玉看着模特身上的衣服说："这条破洞裤的洞也太大了，会有人喜欢吗？"

姜女士一愣，表情有点不自然地说："会呀。"

余薇瞟了一眼吴玉，接话说："姜姐眼光可好了，每次都进潮牌衣服，电视上我看到好几个女星都穿过这种裤子呢。姜姐，前两天我在微博上看到一个明星在牛仔裤外加了一条纱裙，感觉好潮呀，你店里有那种纱裙吗？"

"有呀！"姜女士从衣架上拿出一条明星同款纱裙，说："这款纱裙材质、做工都不输大牌，而且价格很实惠哦。余薇呀，以后你和朋友来我这儿买衣服，姐给你最低价。"

没过一会儿，余薇和姜女士就从衣服的穿搭聊到生意好坏的问题。余薇看时间不早了，就和吴玉告辞了。姜女士还对余薇说，不忙的时候就来店里玩，觉得跟她特聊得来。

"酒逢知己千杯少，话不投机半句多。"在人际交往中，如果你不能迅速地跟他人找到共同话题，很可能就会失去一次重要的机会，甚至引起对方的不满。上述案例中，吴玉不小心说错了话，让姜女士有些不满，幸好余薇立刻转移话题，才保证了交流的顺利进行。

在交际中，我们会碰到形形色色的人，有时难免会话不投机，遭遇尴尬。如果双方都不愿多说，呆呆地坐着，就无法打破僵局有进一步的沟通。当然，这也就更谈不上建立良好的社交关系了。

最好的解决办法是，找到对方感兴趣的话题，打开他的话匣子。如果能做到这一点，你就会成为交际高手，在交际中占据主导地位。因为，大家都有交际目的，都想把话说到对方的心窝里去，这就必须学会投其所好，说对方感兴趣的事。

有些人不以为意，在沟通时只顾说自己的话，办自己的事。如果细心观察，你会发现这种交际方式的成功率很低。所以，掌握一些说话技巧很有必要。

但是，这说来简单，事实上做起来不易，因为说话的人个个不同，寻找共同话题的方式也会有异。语言是沟通的基础和桥梁，在交际中你只有投其所好，并且让自己的语言更富感染力，更能打动人，才能获得沟通效果。

与人交流，转换话题之前要先进行观察，因为，如果你无法找到对方感兴趣的点，即使开启新话题依然不会让他满意。

通常而言，我们可以通过观察对方的着装、表情、言谈举止等找到他感兴趣的点。其中，观察一个人的装扮是最有效的办法，我们能从中看出他的职业、喜好、身份、地位和内涵、品位。

读懂这些之后，你就能准确地找到合适的话题了。

如果当时不能进行正确地观察，我们还可以适当地了解一下——从对方的"特点"开始主动询问他，比如询问他的事业、生活和兴趣爱好，这些通过寒暄都能得知。

一般而言，我们谈论最多的是对方的兴趣爱好，因为它不会显得很唐突。

你可以采用抛砖引玉的方式——先说本人的兴趣爱好，再让对方自然而然地说出自己的爱好，然后寻找彼此的共同点。这样一来，新话题就开启了，而且还是双方都感兴趣的话题。

我的一位叔叔老杨，他不仅酒量好，会说话，而且是个热心肠，很多朋友接待客人时都喜欢让他来捧场。他每次都会不负众望，把饭桌气氛搞得非常活跃。

朋友的女儿中考成绩不理想，去不了县一中就读，他就想疏通一下关系，于是托人请县一中的校长吃饭。当然，他也把老杨叫来了。

校长虽然来了，但一直不愿提帮忙的事。朋友看时机不对，也不好意思开口直问，场面一时显得有些冷。

老杨思忖了一下，他觉得这位校长从事教育工作这么久了，管理能力一定很好，便笑呵呵地说："听说您年轻的时候是位非常有能力的教师，培养了不少人才，现在升到了管理层，真心恭喜啊！"

"有能力不敢当，管理也算是稍有经验吧。"

"我的管理能力就太弱了，想跟您请教一下如何提高管理能力，好把公司的业绩再提一提。"就这样，老杨转换了一个对方感兴趣的话题，局面立刻好转。

最后，朋友所求之事自然水到渠成地办成了。

在人际交往中，要想在短时间内建立良好的沟通氛围，避免话不投机，就必须找到谈话的"契合点"——对方感兴趣的话题。

另外，值得注意的是，在交谈中不要以自己为中心，而要注意对方的情绪，看他是否愿意交谈。如果发现对方不感兴趣或是在应付，千万不要犹豫，立刻转移换话题——你拖得越久，对方对你的好感也就越少。

只有彼此之间产生共鸣，才能使谈话进行得更深入，更愉快。所以说，以自我为中心是"孤掌难鸣"，无法完成交际的目标。

话不投机是交际的主要障碍，要是不及时转移话题，对方会拒绝继续沟通。实际上，要想成为交际高手，绝不能给对方说"不"的机会——通过及时观察，迅速找到共鸣点，沟通就能继续下去。

说话要投其所好，要在最短的时间内让对方对你的话题感兴趣，这样他才能慢慢接受你。这需要你有很高的说话技巧，平时你只有多观察、多锻炼，才能让自己成为交际高手。

▶ 要让人视你为知己，有相见恨晚之感

参加聚会的时候，我们常常会碰见这样的人，他的周身好似散发着一种神奇的魔力，让大家不自觉地就想接近。他的容貌也许并不出众，但一开口就能让你不自觉地对他敞开心扉，有些人会把他当作知心朋友，甚至视为知己，与他交流一些专业领域的意见……总之，所有人对他都有一种一见如故、相见恨晚的感觉。

相信在有很多陌生人的社交场合，每个人都希望自己能够左右逢源，与对方有一见如故之感。但现实往往是，我们总是看到别人侃侃而谈，自己却总是在角落里无所事事的那一个。

这时候，相信谁都会懊悔：为什么自己就跟别人聊不到一块儿呢？

其实，这并非难事，只要你懂得从恰当的话题开始说起就行。因为，与人交谈，话题能否给别人留下好印象是非常重要的。试想：如

果你初次遇到一个人，他只是跟你聊一些无聊的话题，你会喜欢他吗？恐怕不会吧。

　　电影《冰雪女王3》上映的时候，小敏特别开心，在办公室问："下班后谁跟我一起去看电影？"

　　阿飞问："最近有什么好电影上映吗？"

　　小敏连声说："有呀，有呀，是《冰雪女王3》。前两部超好看的，我特期待这一部。"办公室里几个女同事也附和说，前两部影片确实很好看，并且打算下班后买票一起看。

　　阿飞听大家都说这部电影口碑好，小声嘀咕道："什么好电影呀，我咋没听说过。"说着，他上网一搜，这才知道原来是一部动画片，于是诧异地说："天哪，你们都多大的人了，还看这种动画片？幼不幼稚啊！"

　　原先欢快的气氛一扫而空，几个女同事的脸色瞬间就不太好看了。一个同事打圆场说："这种电影老少皆宜，都可以看的。"

　　阿飞却没完没了，继续吐槽："你们女人真有意思，去电影院不看动作大片或爱情片，反而看动画片，真是有钱烧的，这种电影在手机上看看就行了。"

　　几个女同事撇撇嘴，不言语了，但从那以后，她们对阿飞的态度都冷冰冰的。

　　你的身边是否也有这样的人：

你戴着新买的项链，对方瞟了几眼就开始刨根问底："多少钱买的呀？""哎呀，3000多元可以买条金的啦，你怎么还买彩金的呀？你太傻了，买亏了！"

你换了一个新包，对方说："哎呦，你怎么又换包包啦？一看就知道不便宜，你的工资都花在这些东西上了吧？"

总之，他们一张嘴就是负能量，话题永远围绕着自己，似乎你不按照他的思维模式去活，你的人生就糟糕得一塌糊涂。

很多时候，我们认为这些人说话刺耳并不是出于恶意，而是直言不讳。但是，这种充满负能量的话听一次两次没关系，三次四次就会让人心生反感。时间长了，即使对方不是有意的，我们也会不自觉地疏远他——谁也不愿意整天跟一个说话带刺的人在一起。

其实，实现有效社交就是说话让对方觉得舒服。说话不仅是一种能力，也是一种修养。那么，如何让自己成为受人尊敬和欢迎的人呢？

有人做过一个比喻：人的社交圈以自己为圆心，以年龄、爱好、经历、知识等为半径，由此构成了无数个同心圆。所以，你与他人的共同点越多，交叉面积越大，就越容易引起共鸣。

为此，在与他人交流时，找到合适的切入点至关重要——切入得好，一切都会水到渠成；切入得不好，可能会从此产生隔阂。

其实，每个人的心里都有一个柔软而温暖的角落，那里住着自己最亲近的人，一旦他发现你也在关心他所关心的人，他就会对你产生一种亲近感。

所以，你在说话时不妨利用一下人们的这种心理倾向，以对方最关心的人作为切入点，由此而拉近彼此的关系。

小颜刚毕业的时候，不知道自己该做什么，无意中看到一家美甲店招学徒，就到店里当了美甲学徒。一段时间后，小颜觉得美甲师这份工作很有意思，就打算长久从事这一职业。

有一次，老板娘的儿子过生日，那天恰巧也是小颜的阳历生日。老板娘知道后，觉得跟小颜特别投缘，还特意给她买了蛋糕，祝她生日快乐。从此以后，小颜都在那个日子过生日，老板娘也待她如干女儿一般，经常邀请她去家里玩。后来，老板娘开了一家分店，就让小颜到店里当店长，年底还给她分红。

与国外的习俗不同，中国人有两个生日，分别是阳历生日和阴历生日。大多数人都过阴历生日，小颜也不例外。

不过，当她得知自己的阳历生日跟老板娘儿子的阴历生日是同一天后，此后的每一年她都跟老板娘儿子在同一天过生日，以此在老板娘心中建立起亲情意识，让老板娘觉得她是个值得信赖的人，从心理上对她产生认同感。

在生活中，如果遇到类似情况，你也不妨试试这个办法，先跟对方聊一些题外话，淡化彼此的生疏感，再逐渐地引入正题，这样做的效果远比直接谈论工作要好得多。

社会就像一个缤纷的万花筒，你总会遇到不同的人，有的人锋芒毕露，有的人腼腆内敛，不过没关系，这并不影响你的交际——只要你找出人的共性，将感动送至每个人心底最柔软而温暖的角落，那么，不管对方是谁，他都会对你产生亲近感。

▶ 丢掉羞怯，迈出社交的第一步

在陌生的场合里面对陌生的人，特别是比自己事业优秀或地位尊贵的人，有些人就会萌生一种羞怯的自卑心理，于是不敢开口表达自己了。

有时候，在公众场合里被要求站起来讲话时，他们也会觉得浑身不自在，无法清晰地进行思考，也就不知道该说些什么了。

一般来说，导致羞怯的原因有三种：

第一种，习惯性羞怯。这类人的性格本身内向、沉静，见到陌生人就会脸红，对陌生人常常怀有胆怯心理，不敢表达自己的想法。

第二种，认识性羞怯。这类人过分强调自我，有严重的患得患失心理，生怕自己的一举一动遭到别人的耻笑，所以只有在很有把握时才敢说话或行动，而一旦准备不足就会失去方寸。

第三种，挫折性羞怯。这类人本身不羞怯，但因为曾经在交际中遭受过失败，产生了心理阴影，所以对交际会"望而却步"。

想要真正地掌握说话的艺术，做一个成功的人，在学习口才之前，首先要解决的就是心理问题——你必须扩大自己的心理开放区域，勇敢、开朗、坦诚地表现真实的自我，不要怕暴露弱点和缺点。

你若是不敢开口，那么不管你是谁，都不可能练好口才，更不能为自己的交际锦上添花。人生的种种机遇往往都要用口才来开拓，种种成功也要靠口才来促成，所以口才是每个人的标配。

梦瑶是我大学时期的同学，记得在学校的时候，她性格很内向，总是一个人坐在角落里默默地看书，也不跟其他同学交往。因此，很多同学对她的印象都不深刻。

几年后，我去参观一个贸易展览会，在一个展览区里看到了梦瑶。偶遇同学是一件很兴奋的事，我便上前跟她打招呼。

当我走到梦瑶那个展柜的时候，听到了她跟一位顾客的谈话，瞬间让我诧异不已——真没想到几年不见，她居然这么能说会道！

当时，那位顾客也只是偶然经过梦瑶那个展柜，随意看看产品。只听梦瑶上前问道："请问，您有什么需要？"

顾客对产品不太感兴趣，随意回答道："没什么想买的，就随便看看。"

梦瑶微微一笑，说道："是啊！很多人也说过这样的话。"正当顾客得意之时，她又接了一句，"但他们后来都改变了主意。"

"哦？为什么？"顾客好奇地问。

然后，梦瑶就开始正式向这位顾客介绍她们公司的产品。

我站在一旁，当时梦瑶并没有看到我。我听着她口若悬河地跟顾客介绍着产品的功能，心想，这还是几年前那个内向而不爱说话的女生吗？

当梦瑶忙完了，抬头看到我时也很诧异，随即笑着跟我打招呼。我们约好一会儿忙完后一起去吃顿饭，叙叙旧。

吃饭时，我们聊了聊彼此的近况。与梦瑶聊天让我感到非常愉快，我由衷地赞叹道："上学的时候都没怎么见你跟其他同学交流，没想到现在你的口才这么好！"

梦瑶微微一笑，说道："那时我内向、害羞，不敢说话是因为不知道说什么。但到了社会上，没办法，尤其是当了业务员以后，不说话怎么能销售出去产品呢？"

"所以，刚做这一行的时候，我买了很多口才方面的书学习，每天对着镜子练习。然后，我抛掉所有的羞怯，大胆地跟每一个陌生人介绍自己，介绍我背得滚瓜烂熟的产品资料。慢慢地，我也就变得这样能说会道了！"

通过梦瑶的故事我们可以看出，即便是内向的人，只要勇于开口，敢于多说，你也会成为一个能说会道的人。没有谁天生就口才好，就像没有谁天生就学习好一样，那都是需要不断思考和练习得来的。

前段时间，阿诚到一家星级餐厅面试。经理瞧他岁数不大，就让他到后厨露一手。就在阿诚和面的时候，主厨走了过来，他看阿诚长得细皮嫩肉的，调侃说："小子，你的手那么细嫩，你觉得自己能当好厨师吗？"

这是一种非常明显的讽刺，尤其是当着经理的面这样说，无疑是在破坏这次面试。阿诚听了这话，脸颊有些发烫，但是一瞬间他就控制住了自己的情绪，他停下手里的活儿，然后转过身去，用平静的语气说："是的，虽然您不看好我，但我还是要试试。"

停顿了一下，他补充道："不过我对自己的手艺很有信心，我曾拿过全国西点师技能比赛的优胜奖。"然后，他注视着主厨的眼睛，又说道，"我知道您的厨艺很高超，希望您以后能对我指点一二。"

这番话说完，主厨立刻收起了轻蔑的态度，甚至变得友好起来，说道："那你加油吧。"

一个小时后，阿诚做的蛋糕烤好了。经理和主厨尝过后，都点头说好吃。阿诚顺利被录用了，主厨也没有再为难他。

有些人说，看到别人口吐莲花、左右逢源，自己也会羡慕，也渴望能在交际中游刃有余地表达自己好赢得别人的赏识，可又不知该如何去克服羞怯的心理障碍。

罗斯福曾经说过："每一个新手，常常都有一种心慌病。心慌病不是胆小，而是精神过度紧张。"你要明白，害怕当众讲话不是个别现象，那些能在舞台上侃侃而谈的大师，有很多人也曾为说话发过愁，甚至就连在台上时他们也没有完全克服恐惧感。

比如，甘地第一次演讲时，他甚至不敢注视观众的眼睛；雄辩家查理士第一次上台时，紧张得两条腿直打战；古罗马演说家希斯洛第一次当众演讲时，也是脸色苍白，四肢颤抖。

当你知道不好意思当众讲话是多数人都存在的一种普遍心理时，你就会感到轻松一些。接下来，你要做的就是努力云克服这个心理障碍。

法国的斐迪南·福照大将曾经说过："战争中最好的防守就是进攻。"当你对羞怯采取了一种攻势，那么，克服它就不是一件困难的事了。至于具体该怎么做，这里有几条建议：

首先，多肯定自己。

口才好的人，通常都自信十足。平日里，你要学会善于发现自己的优势，多肯定自己，少为羞怯找借口。当你不断地给予自己积极的心理暗示时，你会发现自己其实挺优秀的。我们只要把自己真实的内心表达清楚就好了，不需要有太多的顾虑。

为了培养自信，在当众演讲之前，我们可以在心里默念"我可以""我已经准备好了"之类的话，从内心深处相信自己。

你还可以在上台前做几次持续30秒的深呼吸，这样可以增强大脑的供氧量，不仅能使头脑更加清醒，还能增加自己的勇气。

其次，别怕被他人议论。

被人议论是一件再正常不过的事，你不必过分担忧。每个人都有过当众讲话时怯场的经历，但如果因此而把它当成一种心理负担，从而过分地压抑自己，变得不敢再跟他人交谈，不仅无法享受到交谈的乐趣，还可能埋没自己的潜能。

再次，忘掉恐惧感。

想走出紧张的心理状态，就得勇敢地面对问题。当你必须说话的时候，应该把注意力放在你要说的话而不是他人的看法上，更不要去想"我害怕""万一说错了怎么办"，当你一心一意只专注于自己要说的话时，恐惧就会自动消失。

最后，理性面对失败。

"人非圣贤，孰能无过？"每个人都会犯错是正常的事，一次失败并不能说明你不优秀——只要找出问题的根源，避免以后再犯同样的错误就行了，无须耿耿于怀。

最后总结一下，你想让自己流利地表达己见，顺畅地与他人沟通，最重要的是让自己习惯于开口讲话！

所以，在任何场合，你都要积极地把握交际机会，学习说话技巧。最简单的办法是，先从跟同事、客户打招呼入手，等到说得多了，你就会发现自己越来越习惯与人讲话，不再羞怯和紧张了。

▶ 多点幽默感，为陌生的环境增添欢乐

美国心理学家赫布·特鲁说："幽默可以润滑人际关系，消除紧张，减轻人生压力，使生活更有乐趣。它把我们从个人小天地里

拉出来，使我们一见如故，寻得益友。它帮助我们摆脱窘迫和困境，增强信心，在人生的道路上知难而进。"

所以说，幽默是一和十分奇妙的沟通方式，它可以帮助我们解决生活中的一些难题——只要在沟通中融入幽默的元素，那么沟通就是愉快的。

日常交际中，高手或许不是最会说话的人，但是他们善于运用幽默，能够通过幽默的方式让听众更易接受他们所表达的意思。

前段时间，小区里新开了一家名叫"快意江湖"的主题餐厅，不但点餐要用令牌，就连包间的名字都来自武侠小说里面的名称，比如风陵渡、天地会、绝情谷。

我和几个朋友到这家餐厅吃饭，刚进门，迎宾的服务生就拱手抱拳，铿锵有力地问："敢问大侠，此次出行带了多少人马？"

一个朋友也拱手抱拳，说："六个人，没骑马。"话音刚落，服务生和前厅的顾客都笑了起来。

在日常交际中，幽默就像必不可少的调味剂。比如，朋友聚会，长时间静坐没有人说话；或结伴旅行，大家都感到疲惫的时候，气氛会让人感到沉闷和难受。这时，假如一个充满幽默感的人说一句笑话，一定可以改变气氛，从而给大家带来欢乐。

若是在朋友聚会中适当地开个玩笑，那也可以营造一种活跃的气氛，让彼此的友谊更加坚固。

　　我们都知道，乱丢垃圾是一个让人十分头疼的问题，不过，荷兰的一座城市却采用了一个十分有趣的方法，从而使环境变得非常干净。

　　其实，这座城市曾采用过加大罚金和加强巡视的方法，不过所起到的作用很小。后来，城市管理者想到了一个方法，那就是在垃圾桶上装一台录音机，让垃圾桶跟那些乱丢垃圾的人"说话"——每当垃圾被丢进垃圾桶后，垃圾桶就会说一段笑话，而且不同的垃圾会对应不同的笑话。

　　用这样的方式来吸引人自觉地倒垃圾，效果不言而喻。

　　无独有偶，在美国街头，当垃圾被扔进一些垃圾桶的时候，垃圾桶就会说："好吃好吃，再给我吃点。"

　　幽默的神奇之处在于，当我们用它表达意见时，更容易被他人接受，这样沟通会更加顺利。也就是说，幽默往往能以使人愉悦的方式表达自己的真诚和大方，从而拉近人与人之间的距离，甚至消除隔阂。

　　幽默是人类独有的特质，它可以化解冲突或尴尬，同时给人带来快乐——那些富于幽默感的人走到哪里都会受人欢迎。

　　虽然幽默的力量不容小觑，但我们也不能过分地夸大它的作用——因为凡事过犹不及，得把握好一个度。

▶ 培养亲和力，为你带来好人缘

亲和力，是指与人交往时，一个人所散发出的让对方喜欢、赞赏的吸引力。亲和力在人际交往中非常重要，它能凝聚交往双方的力量，从而使你的沟通更有魅力，为你建立和谐的人际关系。

无论是在职场竞争中，还是在商业谈判中，或是在与异性的交往中，具有亲和力的人总是能占据更大的优势。努力打造自己的亲和力，可以为你带来好人缘。

张甜甜就是一个非常有亲和力的人。当时，公司里有一个合作项目，需要张甜甜所在的业务部跟对方洽谈业务，可是部门领导刘经理都跑断了腿，合作还是没谈成。后来，这个任务交给了张甜甜，没想到，她接受任务的第二天就签了合同。

合作公司的经理对业务部刘经理说："你们公司的张甜甜真是太有亲和力了，她那张真诚和甜美的笑脸给我留下了很好的印象，其他人可没有她那样的亲和力呀。"

对此，刘经理专门为张甜甜的事情开了个会——他希望业务部的每个员工都要好好打造自己的亲和力，以便赢得更多的好人缘，取得更好的业绩。

刘经理说："没有人会拒绝一张亲切的笑脸，就是张甜甜亲切的笑容感染了对方。事实上，即便对方最初的态度很冷淡，但是你得用笑容来影响他，让他觉得跟你很投缘。小张的笑脸就是她亲和力的表现，有了亲和力，就能获得更多的人缘。"

亲和力是你获得更多人缘、维护良好社交的法宝，那么，这就意味着在交谈中你必须始终保持自信、积极的心态。亲和力体现在诸多方面，比如，真诚友善，态度谦恭，集体意识强，能与人同甘共苦等品质。

亲和力是沟通的综合体现。具有亲和力的人，一般都能掌控人际交往，占据优势地位，同时也更容易被对方认可。这是因为，这种人在交际中很容易吸引和感染对方，他的真诚友善会打动对方，令对方感到亲切，从而感染对方也采取相同的态度对待他。

相反，一个人在与人交往时如果表现得傲慢、冷漠并充满敌意，那么就会使人感到不愉快，从而不愿意与他交往。但是，一个人在交往中表现得羞涩、唯唯诺诺，这也不是亲和力。因为，亲和力不是退让，而不断地退让并不能保证交际顺利进行。

拥有开阔的心胸是打造完美亲和力的方法之一。宽容的气度可以减少不必要的矛盾和冲突，营造舒适的交际环境，维护人际关系的和谐。

胡锋人缘好，朋友多，大家都觉得他为人处世有一手，有一种超凡的气度。一次，有一个同事因为嫉妒胡锋的好人缘，跟胡锋的朋友郑钧说了胡锋的坏话，想破坏他俩的关系。

郑钧把这件事原原本本地告诉了胡锋，他觉得胡锋一定会骂那个同事，并当面对质。胡锋听后，淡定地一笑，说："我俩做朋友也不是一天两天了，你信他的话，那今后就不用再跟我往来；如果还信我，我们仍然是朋友。"

郑钧听后，非常惊讶，原来胡锋这样的胸怀开阔——别人在背后中伤他，他居然能坦然自若。

胡锋接着说："大家都是朋友，何必无中生有地把关系搞得这么紧张？如果当面说破了，你失去了朋友的信任，我与你断了缘分，对谁都不好。"

郑钧听后，非常佩服胡锋的气度。

其实，胡锋能够跟朋友始终保持和谐的关系，得益于他宽容大度，从不斤斤计较。

谦恭和善的姿态是打造完美亲和力的方法之二。这是对别人的尊重，也是对自己品行的要求，我们可以从中看出一个人的境界。这种态度平易近人，可以迅速拉近你与交际对象的距离，提升交际的融洽度。

用笑容感染对方是打造完美亲和力的方法之三。亲切的笑容是你留给对方最好的第一印象，在交谈中能起到抛砖引玉的作用——只要灿然一笑，你就会赢来好人缘。

得体的话语是打造完美亲和力的方法之四。话语不在于多少，而在于贴心、暖心，能说到人的心窝里去——这样可以使对方产生情感共鸣，从而创造出和谐的交谈氛围。

真挚地关心对方是打造完美亲和力的方法之五。交际中，只要你投入了真挚的关爱，对方的心就会温暖起来——这样你们就会有更深入的交流，感情就会越来越近。

打造完美亲和力至关重要，这不仅会给你带来更多的好人缘，也会为你人生的成功铺路。

Part 2

任何场合，都请注意你的"口无遮拦"

步入社会，就没有什么"童言无忌"

你说的话别总让人听着难受

语言也讲究"入乡随俗"

多说一些"客套话"，做一个不失礼节之人

即便你口才绝伦，也不必非要与人争辩

拜访他人，不能总是贸然前行

▶ 步入社会，就没有什么"童言无忌"

很多年轻人心直口快，有什么说什么，有的更是以怼人为乐。而也正因为他们是年轻人，没人会跟他们计较太多。

但当你步入社会后，慢慢地会发现，那些从前在家里、校园里学来的心直口快行为，在社会上就显得不成熟了。因为，口无遮拦总是会轻易得罪人。

小萍为人热情，她曾多次为公司的女同事介绍对象，结果是成的少，无疾而终的多。

公司里有一位 30 多岁的女同事，小萍也多次给她介绍对象，最终一个都没成。许是一时心急，小萍在闲聊时大发感慨："30 多岁还不结婚的人，心理肯定有问题。"

那个女同事一听，很生气地说："我怎么就有问题了，你这么说话合适吗？你把话说明白一些。"

小萍也觉得自己说得有些过分了，连忙补充道："对不起，我不是说你，我是说其他人。"说完，她才想起来办公室里还有一个近 40

岁的男同事至今未婚。顿时，办公室一片静默，好好的气氛就这样被破坏掉了。

年轻人一定要管好自己的嘴，别什么话都不经过大脑就脱口而出——那样很容易伤害别人，而且自己的威信也会降低，最终成为一个不受欢迎的人。

露露也是这样，她说话时常常不顾及别人的面子，所以有时得罪了人她还不知道。同事和朋友经常说她口无遮拦，总是先说话后思考。

一次，闺密郝灵买了一条很漂亮的裙子——遗憾的是，因为她刚生完孩子，身材有些臃肿，穿起来显得不太合适。

但郝灵很喜欢这条裙子，朋友们也都看出来了，所以不忍心打击她，纷纷赞扬说："这条裙子能显出你的气质，穿起来真好看，虽然贵了点，但物有所值！""这件衣服真好看！在哪里买的，改天我也去买一件！"

这一系列的赞美让郝灵很受用，她非常高兴。可是，这时露露却说："你身材都变形了，穿这条裙子真不得体——你看你的小肚子都露出来了，多难看！而且，衣服虽然挺贵，我看不值那么多钱！花这些钱，我都能买好几件不错的衣服了……"

还没等露露说完，郝灵便气愤地走了。其他朋友也很生气："你是实话实说痛快了，可这不显得我们虚伪吗？"

以后，大家总是躲着露露，毕竟谁的面子也不禁伤啊！

俗话说："病从口入，祸从口出。"像露露这样口无遮拦，虽然一时逞了口舌之快，但最终会伤人伤己。

步入社会以后，你就没有童言无忌的豁免权了——如果你继续口无遮拦，那么只能让你处于被朋友不待见、同事不喜欢的尴尬境地，最终交际失败、事业不前。

所以，与人交往时，你一定要牢牢把握好说话的尺度。只有这样，你才能保证自己不会得罪人，从而实现沟通的成功。

▶ 你说的话别总让人听着难受

话不在好听，而在顺耳。好听的话，他人更容易接受；难听的话，只会让对方产生抵触心理。同一个意思，有的人说别人就乐意听，有的人说则会引起别人的反感。这就是表达方式不同的结果。

会说话是一种技巧，如果你掌握了，即使说不好听的话别人也能听出善意。但不讲究方法，纵然是赞扬，对方也不会领情。

小贤是个特别不会说话的人，有一回他偶遇老同学，两个人坐下聊了聊，聊到薪资问题时，出于好奇他问对方月薪是多少。老同学说，加上提成、补助，平均月薪 5000 元。小贤一脸夸张地说："天啊，要是按上海的房价来算，你上两个月班才买得下一块儿地砖啊！"

老同学当场就黑脸了。

还有一次，小贤听说市场部的飘飘会弹钢琴、会书法。在餐厅碰见时，他主动打招呼说："飘飘，听同事说你很有才，会的手艺很多。"

飘飘笑着说："也没有那么多啦。"

小贤继续说："是啊，你会那么多手艺对工作也没帮助，又换不来钱，还不如不学呢。"

飘飘的笑容顿时僵在脸上，从那以后，她碰见小贤也当作没看见。

小贤之所以不受欢迎，就是因为他总是出口伤人。而且，很多时候他以为自己的那种行为很幽默。就像之前他跟老同学聊天，原本他想形容一下上海的房价多么高，可话一出口就变了味，还得罪了人。

没人喜欢听不合时宜尤其是批评的话，说得不好肯定会得罪人，哪怕你出发点是好的。我们经常说"刀子嘴，豆腐心"，但是不了解你的人不知道——如果不懂说话的技巧，你的"刀子嘴"只会伤人伤己。

说话要照顾别人的感受，要尽量用委婉的方式去说，把话说到对方的心里去，这样才能达到想要的效果。心理学家说，"并不是所有的人都能听进去逆耳忠言"——明明是好话，但表达方式不对，对方就不会领情。但是，我们完全可以将忠言说得顺耳一些。

一个人意识不到说话方式的重要性，很难在交际上取得成功。相反，凡是在交际中顺风顺水的人，都是擅长说话的高手——他们不论说什么，别人都爱听。

说话体现了一个人的整体水平，所以，在任何场合我们都要重视表达的技巧和作用。

首先，跟人说话时要控制自己的情绪，不要因为自己心情不好就冲人发泄。所以，当你在气头上时，最好暂时保持沉默——等情绪平复了，再用温和的态度跟别人交流。好态度也是表达的一种方式。

其次，要明白说话是一种沟通方式，而不是攻击别人的手段。有些人开口就是"你不对""你不懂""你不要"，对方一听肯定会不高兴。所以，说话时要多用肯定语气。

说话带攻击性是最差劲的沟通方式，你完全可以用温和的方式让对方明白你的心意，没必要说伤人的话。

再次，要利用好幽默的表达方式。跟人说话时，如果遇到不好说的话题，可以幽默地表达自己的意思。因为，有些话如果我们说得很严肃，别人心里难免会不悦，如果此时幽默一下，可以缓和气氛，还可以让你的表达更深入人心。

有个人去小酒馆喝酒，喝了一口就吐了。他一拍桌子，破口大骂："酸死了，这是什么酒啊？你们这里简直就是黑店。"

老板也不是省油的灯，哪里受得了这份儿气，立刻找来伙计，把这位客人打了一顿。

客人躺在地上哇哇乱叫。这时，店里又来了一位年轻小伙子，他问："这是怎么回事啊？你们是在表演格斗拍影视剧吗？"

老板一听，怒气消了一些。

小伙子了解情况后，自己也尝了一口酒，没承想他也皱着眉头说："哎呀，老板，你把我也打一顿吧。"

老板愣了一下，继而明白了小伙子的意思，不好意思地笑了笑，并立刻让人换了新酒。

两位客人都在说酒难喝，一位因为不会说话挨了打，另一位则幽默地点醒了老板。可见，幽默是进行温和交谈的法宝。

此外，说话前要三思。有些人说话不过大脑，他们在交际中很容易触碰到别人的"雷区"，引起对方的反感——"祸从口出"说的就是这种口无遮拦的人。

因为，每个人都有忌讳的事情，我们在说话时要尽量避免。如果非要说，则应该通过暗示性的话含蓄地表达出来。

我们要学会谨言慎行，说话的方式有多种，面对不同的人、不同的场合，我们要灵活运用。只有做到说话讲究方法，才能和谐地处理好人际关系。

▶ 语言也讲究"入乡随俗"

在社交中要学会看人说话，否则，你很容易引起对方的反感。看清对象，想好之后再说，如此才有利于建立良好的人际关系。

俗话说："见人说人话，见鬼说鬼话。"这不是虚伪，而是一种别有深意的说话方式。因为，每个人的身份和地位都不一样，如果不分对象乱说一气，肯定会得罪人。

有一年元旦同学聚会，有人提议，想去看看很久没见的班主任张老师。

第二天，我们来到了张老师家。老师虽然已是 60 多岁的人了，但依然打扮得很时髦。"哎，我孙子都出生了，我越来越老了啊。"张老师看到我们很高兴，感叹道。

"谁不是越来越老啊，老师您已经很不错了，看着比同龄人要年轻很多。"我们都知道张老师怕老，所以都会避开这个话题。

张老师对我们很热情，忙着添茶倒水。可能是这几天应酬多，她透着疲惫，加上感冒了，声音沙哑，整个人看起来不是太精神。

有一个同学毕业后很不如意，这次看望张老师，顺便是想请她指点迷津。"张老师，好久没见了，挺想你的。"那个同学把带来的水果放下，开始跟张老师寒暄。

张老师坐下后，那个同学继续说道："张老师，您的声音听起来很沙哑，人也不精神，看起来比之前苍老了很多。"

这么一说，张老师跟受了打击一样，脸色立刻就变了，气氛瞬间陷入了寂静。

"我只是感冒了，有些疲惫而已。"张老师说话时明显带着不悦。

那个同学这才意识到自己失言了，也没敢再说明自己来的意图。

我们连忙岔开话题，谈论起了张老师的孙子……而这一整天，张老师很少跟那个同学说话。

在社交中，很多人都会犯类似的错误，他们说话不看对象，不分场合，最后只会冒失地得罪人，无法达到自己的社交目的。

与人交往，必须掌握说话的艺术，才能为社交的顺利开展奠定良好的基础。

交流是双方的，如果只顾表达自我，不顾对方的感受，那就毫无意义了。值得注意的是，我们应该看人说话，在沟通时要懂得用对方喜欢的方式表达，如此才能获得对方的认可。

有人认为，这是曲意逢迎，无异于说假话，溜须拍马。这么理解是错误的，因为看对象说话是为了统一大家的沟通方式，是对他人的一种尊重。

其实，这是很有深意的事，其中包含了很多交际技巧。我们要注意观察对方的为人，了解对方的喜好，探究对方的社交方式——只有摸透了对方，在谈话时才能做到得心应手。

比如，也许你说话不是字字珠玑，但懂得看对象说话的好处，能把话说到对方的心窝里去，你就更容易被他人理解，也更容易得到信任。至于谈话对象，可以根据他的性格、喜好、文化程度、身份地位等找到合适的切入点。

但是，跟性格随和的人说话时，也不要太过拘谨。这些人有些大大咧咧，跟谁说话都"不客气"——他们认为随意是一种亲近的表现。所以，跟他们交流，你咬文嚼字、中规中矩的话，他们很难对你产生好感。

俗话说"入乡随俗"，懂得看人说话，沟通就会更顺利。

阮成是某玩具公司的采购主管，他就很懂这一套。有一次，他跟合作的包装箱供应商谈业务，负责接待他的是小赵。小赵是东北人，性格爽朗，能力很不错。他之前见过小赵几次，彼此也算熟悉。

"你小子最近忙什么呢？好久不见啊！"阮成很豁达地说，他放下了平时的客套劲儿。

"哎呀，是阮大人大驾光临啊，真是想死我了。"小赵笑哈哈地打招呼。

"这不，还有不到一个月就是六一儿童节了，我们公司要准备提前给代理商铺货，这次要的包装箱准备得怎么样了？虽说数量有点大，但要是没准备好，我可饶不了你啊！"阮成佯装发狠地说。

小赵一听，马上乐了："放心吧，我就是不给别人也得先给你供货啊，谁让咱俩臭味相投呢。"

这看似随意的谈话，其实是故意为之，因为阮成了解小赵，他喜欢跟爽快的人做朋友。如果自己说话中规中矩，效果反而会不好。

跟沉闷、固执的人交流时，说话要简洁，有重点。因为，这类人反感滔滔不绝，讨厌兜圈子，喜欢直奔主题。

面对傲慢无礼的人，要耐着性子交谈。对这类人说话要有力，有主见，但也万不可伤了他们的面子。因为，这类人常常唯我独尊，一旦觉得丢脸了，就会做出不理智的事。总之，跟这类人交往时既要强硬，也要适当地示弱。

跟地位比较高的人说话时，要恭敬有礼，尽量说符合对方身份的话。你不能按照平时的方式去说话，不能太随便，也不需要多亲切。

跟文化水平高的人说话时，可以适当地对语言进行修饰，书面化、深奥、含蓄一些。但跟文化水平低的人说话就不能如此了，因为你文绉绉的话，对方会很不适应。所以，为了避免尴尬，最好多说大白话。

面对虚荣的人，不妨多称赞、恭维对方一些，他们会很受用。而面对深藏不露的人，最好先向对方表达自己，之后对方才会变得主动。

面对性格温和的人，说话不要太急，配合好对方的谈话节奏就行。而遇到自私的人，不妨先提一些对方可以获得的好处，那样你们自然会变得"友好"起来。

不论何时，在交流时要根据对方的具体情况选择相应的说话方式，这样才能搭建良好的沟通平台，达到自己的社交目的。

▶ 多说一些"客套话"，做一个不失礼节之人

如果你足够细心，定能从生活中发现一个规律：那些人缘比较好，到哪儿都受欢迎的人，特别会说"客套话"。

其实，客套是一种语言艺术，包含着客气、谦卑、热情，显示着对他人的尊重。

但凡有教养的家庭，大人在教育孩子时都会嘱咐一句"见了人要打招呼"，借用别人的东西要说"谢谢"，不小心碰了人家要说"对不起"。实际上，这些最基本的礼貌用语都可以归为客套话，它体现的是一个人良好的修养。

然而，有些人本身修养不差，也善解人意，可就是输在了不会说话上——尤其不会说客套话，遇事总是不知该说什么，或是不好意思开口，结果明明是一片真心，到最后却不被人理解，甚至被误解成了冷漠。

王泽大学毕业后去了一家编程公司做程序员。作为技术员，他平时跟人打交道不多，回家后也基本是玩游戏，可以说，他是一个十足的"宅男"。

正因为社交活动很少，对于客套话他一点都不熟悉——他就是一个典型的不会说话的人。一位朋友做了阑尾炎手术，术后还要在医院休养一段时间，有一天王泽去看望他，见他有些虚弱，但没有说一句话，只是在一旁坐着。

王泽之所以没开口，是因为当时顾虑太多：说客套话吧，自己不太会，也表达不了心情；不说吧，又有点尴尬。所幸他去的时候带了一些礼物，不至于显得那么别扭。

坐了一会儿后，王泽就离开了。

王泽虽然不懂说客套话，但他的沉默比虚情假意的关心要实诚许多。可话又说回来，王泽如果遇到不懂他的人，连一句客套话都说不出口的话，终究还是会让人觉得有点"不会办事"，至少这一次他就没达到安慰病人的效果。

人在生病的时候，情绪往往不稳定，焦虑、沮丧时常会来叨扰内心，总爱胡思乱想。况且，医院的环境比较封闭，四周全是单调的白色，时而还可能听到病友们的"坏消息"，令人惴惴不安。所以，为了缓解病人的情绪压力，让他们放下心理包袱，在探望他们时说两句安慰人的客套话是必不可少的。

生活中，会说客套话的人处理人际关系总会游刃有余，他们说的话让人喜欢听、愿意听，提出的意见或建议也更容易被人接受。

不会说客套话的人办起事来就略显尴尬了，他们可能会造成不必要的误会，导致人际关系紧张——时间一长，就会给人留下不好接触、不会处世的印象。

但是，客套话说起来要给人言必由衷的感觉，那就是字字句句要透着真诚，而不是虚情假意的恭维。

有时，客套除了用语言表达以外，还可以借助眼神、手势等体现出来。日本松下电器公司的创始人松下幸之助，就是一个很会运用客套话的人。他在给下属布置任务时，总不忘说一句"这件事拜托你了"；遇到员工时，他也会鞠躬说"你辛苦了"之类的客套话；有时还会亲自给员工倒茶，送礼物。

由于松下幸之助以诚待人，员工们对他也非常尊重，乐意为之努力工作。

简单来说，想让别人怎样对你，你就要怎样对别人。客套看似平常，却可以把人际关系引入良好的互动中，像春风一样暖人心窝。

▶ 即便你口才绝伦，也不必非要与人争辩

如果你想要建立良好的人际关系，就要时刻注意自己说话的语气。所以，跟对方交流时，你不要总是在一些小事上争论不休。

其实，每个人的生活背景不同，经历不同，思想也就不一样。每个人都有自己的观点，不可能让其他人都跟自己想的一样，因此，我们应该抱着宽容的心去接受更多不同的意见。

有些人比较低调，他们不喜欢与人争执，即便大家的思想不一样，他们也可以做到尊重对方。但是，有些人比较高调，而且爱认死理，总想跟对方一争高下——事实上，这种争执毫无意义。

如果你跟朋友为一个并非涉及原则性的问题来一争高下，那么自己最终能得到什么？不过是朋友之间伤了和气罢了。也许你是为了逞一时口舌之快，但你要问问自己，是逞口舌之快重要，还是朋友重要呢？如果因此而失去了朋友，那绝对是不划算的。

王平上大学时学习成绩一直名列前茅，还是学生会干部，因此，他一直觉得自己很优秀，慢慢地就变得骄傲自满起来。但自从他毕业

出了校门，这种情况就改变了。

现在，王平只是一家公司的普通员工，原来在学校里时的那种光环不见了。但他依然心高气傲，不管做什么事都不服管，总觉得自有一番道理。作为一个职场新人，他因此吃了不少苦头。

一次，王平跟办公室里的一名老员工因为一个程序处理问题吵了起来，他觉得自己编写的程序是对的，而那名老员工认为这个程序稍微烦琐了些——其实有更简易的写法，因为程序写得越烦琐，以后出故障的可能性就越大。

但是，王平觉得那名老员工是在故意刁难他，因为他写的程序本来没有错，就算是写得复杂了点，但同样可以达到效果，干吗非要拿这件事让他当众出丑呢？

于是，王平就据理力争，想让自己的成果得以应用。在他跟老员工争吵之后，总经理出面让专业人员开始测试，测试后认为他写的程序确实要修改，因为这关系到整个公司的利益。其实，他心里也明白，程序修改一下会更好，不过是为了面子才不管不顾的。

自此以后，总经理对王平就有了偏见，办公室里的其他人跟他也都疏远了。可见，他不仅没有争辩过那名老员工，还造成了自己技术不过硬的坏形象，这就叫"一步走错，满盘皆输"。

于是，王平开始反思自己：尽管自己上大学时是风云人物，但与现在相比，那时的自己就像一个刚学会走路的婴儿。他开始明白，在职场中想要获得好人缘，要时刻保持谦虚谨慎的态度，不要老想着一争高下，适当的恭维也是必要的，毕竟自己还是新人。

想到这里，他就知道自己应该怎么做了。

在一次午休的时候，他当着大家的面给那名老员工道了歉，并邀请大家一起去吃自助餐，算是为那天的事赔罪。在他的邀请下，大家都欣然接受了他的好意。

后来，王平跟大家的关系也渐渐好了起来。

从王平的故事里我们可以看出，一个人如果喜欢与人争执，他可能就会被认为是不易相处的人。那么，当他再想与别人建立关系时就比较困难了。

所以，大家要记住，遇到什么事情都不要急着与人争辩，要先考虑一下是否有自己的原因。如果真是自己错了，就应该听取别人的建议——无休止地争辩下去，那就是无理取闹了。

事实上，即便你真理在握，与人争辩时也该语气平和，而趾高气扬只会伤人伤己。当然，如果是迫不得已，你也要选择合适的时机，采取合适的方式来向对方阐述自己的理由。

总之，争辩不会为你带来朋友——相反，你可能会因此而失去更多的朋友。

▶ 拜访他人，不能总是贸然前行

俗话说："不打无准备的仗。"要想把事情做好，就要尽可能地注意一些细节，做好充分的准备。"三思而后行"总是没错的，比如，你去推销公司的产品，只有想得周全、做得仔细，才能让客户觉得你的产品值得信赖。

在我们拜访客户前，应该与对方提前进行沟通，约好见面时间，这是最基本的礼貌。没有预约的拜访，就好比是在客户有序的队列中横冲直撞，很容易把对方的计划打乱，从而让对方气愤——当然，你在对方心中的印象也会受到影响。

王晨是一家 IT 公司技术工程部的主管，为了了解客户对本公司的要求，有时候他会被派到客户的公司参加他们的会议。

其实，这项工作最初的负责人不是王晨，而是小刚。可是，小刚每次去客户那里开会时总会丢三落四，公司由此受到了客户的不少投诉。后来，公司就让王晨接替了小刚的工作。

王晨是一名工作认真的员工，无论做什么事都会事先计划好。每次去客户那里开会，需要用到的公司资料他都会提前准备好，甚至客户可能会用到的公司产品他也会提前准备好。

此外，在开会的那天早上，王晨会早早起床，将自己的仪容整理好，然后再去客户那里开会。在会上，王晨对客户提出的问题总能对答如流，客户对他十分满意。会后，经常有客户会打电话给王晨的上司，夸赞王晨的工作态度好。

在这个案例中，小刚与王晨形成了鲜明的对比：小刚做事缺乏条理、不注重礼仪，所以经常因疏于准备而丢三落四，从而引起了客户的不满。可是，王晨不同，他做事非常认真，在参加会议前会把一切都准备得非常充分，客户对他很满意，他从而得到了客户的赞赏。

李鹏飞大学毕业后从事销售工作，他第一次去拜访客户时心里甚是紧张，当他说明自己的来意后，客户说想看看关于他们公司产品的资料。于是，他把准备好的资料交给了客户，可是对方看后觉得内容不够详细，就问他有没有更详细的介绍。他抱歉地说没有。

后来，客户向李鹏飞要名片，他说自己刚入行，还没有印制名片。

在连吃两次"闭门羹"后，客户再也没有谈下去的兴趣了，就客气地说了一些无关紧要的话，便推托有事下了"逐客令"。

就这样，李鹏飞的第一次拜访以失败而告终。

吃一堑，长一智。虽然第一次拜访没有成功，但这让李鹏飞总结了经验教训。后来在拜访客户时，他都会把材料准备齐全，并随身携

047

带自己的名片。

功夫不负有心人，李鹏飞终于在短短三个月内取得了很好的业绩，同时受到了经理的夸奖，这让他更有信心做一名优秀的推销员。

李鹏飞是一个聪明的人，他能够认清自己的不足并认真完善，这才让他在后来终于取得了好的业绩。那么，我们在拜访客户时应该做哪些准备呢？

首先，要预约好时间。

日常的商务拜访，大多都需要提前一周预约。如果是私人拜访，最好也要提前两三天进行预约，好让对方有时间做准备。

拜访时间最好不要妨碍到对方的生活和工作，最好错过吃饭及午休时间。一般来说，上午九点十点或下午三四点是最好的拜访时间。

其次，要选好预约方式。

现在一般是电话预约，因为更方遍一些。一些职场人士认为打预约电话很简单："不就是拿起电话，拨通号码，说几句话的事吗？"其实不然。关键问题是这几句话怎么说，因为说的方式不同，结果也会迥异。

打预约电话要注意礼貌，如果是打给陌生客户，那就更需要使用礼貌用词了。我们不妨做一下通话记录，比如，有时候你给对方打电话，对方不在，这也要做记录，主要是记清楚对方为何不在。

另外，打预约电话时，尽量别在电话中介绍产品尤其是一些细节问题，因为这样会拉长通话时间，或者是客户听不懂，一听这些话误以为硬性推销就会拒绝，反而影响预约。当然，简单介绍一下产品也非常有必要，这是预约成功的条件之一。

正确的方法是，打通电话以后，说话一定要简洁，能抓住要点。此外，一定要站在对方的立场上考虑问题，使对方有被尊重、被重视的感觉。同时要注意，打预约电话时不可以抽烟或嚼口香糖，相信谁都不喜欢听到对方在电话那头发出咀嚼声吧。

另外，不管约访有没有成功，挂电话一定要比对方慢，这是你应有的礼貌——否则，对方会感到突兀，即便前面已经答应了你的预约，后面的进程也不会太顺利。

在与对方确定好时间、地点后，要按照约定时间赴约，如果的确因意外情况而不能赴约或需要改期，也要事先通知对方，并表示歉意，因为迟到和失约均属不礼貌的行为。

最后，提前准备好资料。

在拜访客户前要准备好资料，以免因为时间仓促而落下重要资料。此外，你还应该告诉对方也要做好接待工作，将相关资料提前准备好，那样双方在沟通时就不会耽误彼此的时间，从而实现成功的沟通。

Part 3:

在社交的舞台上，做一个最出色的演员

交流靠技巧，而非“唯心论”

别人不会主动关注你，积极地“秀”出自我

换一条路走，那是新生的开始

多为自己造些势，让所有人知道你的好

当你吃了亏，就要让所有人知道这是为了谁

塑造一个好声音，让你的魅力无限

通过眼睛行事，做一个有“眼色”的人

要专心，没有所谓的面面俱到

► 交流靠技巧，而非"唯心论"

人生的成败有时是说话技巧所决定的。曾有人说："眼睛可以容纳一个美丽的世界，而嘴巴则能描绘一个精彩的世界。"法国大作家雨果也认为："语言就是力量。"的确，会说话是一种艺术。

某单位要裁员，给领导开车的两名司机之一在裁员名单里。于是，两个人对这个岗位进行了一番激烈的竞争。

第一名司机说了很多，虽然面面俱到，但是不免烦琐。

他说："要是有机会继续给领导开车，我一定比之前更加用心，把车收拾得更加干净利落；一定严格遵守交通规则，不闯红灯什么的；一定不会酒后驾驶，保证领导的安全……"

第二名司机叙述精简，只花了不到 1 分钟的时间。

他说："我遵守三条原则：第一，听得，说不得；第二，吃得，喝不得；第三，开得，使不得。我过去一直遵守这三条原则，现在依然会遵守这三条原则，将来我也会毫不动摇地遵守这三条原则！"

我们来了解一下：所谓"听得，说不得"，是指领导坐在车上打电话说的任何内容，司机不能泄密；所谓"吃得，喝不得"，就是说由于工作的关系，司机会陪领导吃饭，但是绝对不会喝酒——这是对领导的安全负责；所谓"开得，使不得"，意思是公私分明，不能私下动用领导的车。

经过对比，第二名司机说话简洁明了，而且句句都说到了领导心里，所以领导选择留下了他。

在关键时刻，需要你站出来讲几句话的时候，你一定不能掉链子，否则，这不仅会影响你的形象，而且有可能断送掉你的大好前途。

苏格拉底曾说："世间有一种成就可以使人很快地完成伟业，并获得世人的认识，那就是讲话令人喜悦的能力。"

语言是不可或缺的交际工具，谁都离不开。据有关数据显示，每个人平均每天大概要说 1800 个词语，而且事情越多的人，说话也越多。换言之，积极的人生态度就是敢于说话、善于说话。

▶ 别人不会主动关注你，积极地"秀"出自我

怀才不遇的人有很多，这些人明明能力出众，却总是与成功擦肩

而过。其实，他们需要好好反省一下，究竟是什么原因导致了自己的遭遇，以及要用什么方法摆脱困境。

因此，一个人要想有所成就，就要恰当地"秀"出自我，积极主动地把自己的才干展示给人们看，而不要奢望别人主动来关注自己。尤其是职场新人，更应该在适当的时机"秀"出自我，这不失为一个引人注目的好方法。

有一个衣衫褴褛的小男孩跑到正在修建的建筑工地里，向一位衣着十分讲究的建筑承包商请教："请您告诉我，我要怎么做，长大后才能像您一样富有？"

承包商看了看这个小家伙，回答说："我的方法就是让你去买一件颜色比较鲜艳的衣服，然后埋头苦干。"

小男孩满脸困惑，百思不得其解，只好再次请教承包商。

承包商把手指向那些正在作业的工人，对小男孩说："那些工人全都是我的手下，我没办法把他们每一个人的名字都记住，甚至对一些人没有印象。但是，你仔细瞧，他们当中有一个穿红色衬衫的工人给我留下了深刻的印象，他做工作很卖力，每天总是第一个上班，最后一个下班。

"为什么我对他的印象这么深刻呢？就是因为他那件显眼的衬衫。我最近正准备提拔他当我的监工。从今天开始，我相信他会更加努力地投入到工作中去，说不定短时间内他就会成为我的副手。

"小伙子，我也是这样一步一个脚印走过来的。我工作时比别人投入了更多的精力，如果当初我选择跟大家穿一样颜色的衣服，恐怕就没有现在的我了。所以，我选择每天穿不同颜色的条纹衬衫去上班，同时会更加努力。不久，我就出头了——老板提拔我当了工头。后来，我有了一定的积蓄，终于自己当了老板。"

著名剧作家萧伯纳说过一句非常富有哲理的话："征服世界的将是这样一些人：开始的时候，他们试图找到梦想中的东西。最终，当他们无法找到的时候，就亲手创造了它。"

使成功者走向成功的真正原因，不仅仅是他们善于把握机会——更重要的是，他们善于创造机会。就像上述案例中的承包商一样，他就是因为把握并创造了机会而成功的。

这里有一道经典的面试题："说说你如何能胜任这个岗位？"

很多人都想表现自己的优势，恨不能把自己小学五年级拿三好学生奖的事都搬出来。这些人看似很优秀，谋得岗位的机会也更大，但成熟的 HR 是不会录取他们的，因为 HR 从他们的回答中看到了不自信的一面，并期待其他面试者的回答。

最能令人眼前一亮的回答是：从企业本身谈起，然后把你的优势和企业的需求结合到一起说。

前不久，赵敏去一家中学培训机构面试教师，HR 看了看她的简历，只有一年多的助教经验，便问她："你觉得自己能胜任这个岗位吗？"

赵敏回答："是这样的，现在的家长越发注重对孩子的教育，贵公司近年的发展也很快，前来报名补课的学生也越来越多。我在大学时一直总结授课技巧、研究青少年心理学，为此我还制订过详细的教学和心理辅导计划，在宁一中实习时还得到了校领导的认可。如果我在贵公司工作的话，相信我的方案对提高学生成绩很有帮助。"

在面试时，HR 对你的个人经历并不十分感兴趣，他们最关心的就是你能否为公司带来利益。所以，这时候你不用一一列举自己获得的什么奖项，只需讲出重点，就能给对方留下深刻的印象。

主动"秀"出自我是改变怀才不遇境况的最佳途径，在合适的时机和场合向领导展示自己的能力，才有可能受到领导的赏识。

总之，"秀"出自我是一门学问，你如果懂的话，可以使自己立于不败之地；如果不懂的话，就只能平平淡淡地度过一生了。

▶ 换一条路走，那是新生的开始

如果一块儿地不适合种麦子，可以试试种豆子；如果也不适合种豆子，那就试着种玉米。也就是说，一块儿地总有适合它的种子。但是，如果你非得坚持一直种麦子的话，那么可能颗粒无收。

　　为人处世也是一样。那些高情商的人，他们如果发现此路不通，一定会选择彼路，而非一条道走到黑。年轻人更应该懂得换个角度思考问题，那样就算遇到山穷水尽，也会柳暗花明！

　　表弟从小就顽皮、不爱学习，成绩很不好，这让家人和老师都非常头疼。小姨和小姨父一直望子成龙，希望表弟能考上名校。可是高考后，不要说重点大学了，就是好的专科他都没考上。

　　小姨他们两口子很不甘心，要求表弟复读，还给他报了补习班，但他最终还是没考上理想中的大学。

　　再次失败之后，表弟想明白了，他觉得上大学这条路或许真的不适合自己，条条大路通罗马，自己为什么非得去跟别人挤独木桥呢？

　　于是，表弟劝服了他爸妈，只身一人去了深圳闯荡。一段时间后，因为工作积极、性格开朗，他赢得了公司领导和同事的认可。等他慢慢地有了一些积蓄后，自己开始做起了小生意。

　　当那些上完大学的同学还在为找工作而犯愁时，表弟已经在深圳站稳了脚跟儿，按揭了一套房子，也算是过上了安稳的生活。

　　有时，坚持未必就能赢得成功，迎难而上也未必会柳暗花明。表弟如果一直坚持考大学，那么就算他考上了，自己也未必生活得开心。而转变方向后，他却凭优势闯荡出了自己想要过的生活。

　　其实，方向不对，所有的努力都将白费，而无谓的坚持甚至很可能导致南辕北辙，让自己离成功越来越远。所以，年轻人不要盲目地埋头苦干，时不时地还要看看自己正在走的路到底对不对。毕业生进入社会变成职场人士后更是如此，工作、交友等都不要钻牛角尖——有时转个弯，走另一条路，结果往往会更好。

有个美国女孩叫艾米尔，她最初想当一名医生，但是医学院的学费很贵，当时她家里没钱，她只得选择当一名药剂师。当时，她在协助一名顶尖的皮肤科医生工作——这名医生是专门研究化妆品过敏症状的。

工作几年以后，艾米尔积累了丰富的经验，但是她没有继续留在皮肤科工作，而是在自家厨房里发明了世界上第一只不会留下唇印的口红。后来，她为自己发明的口红注册了品牌，并一度占领了四分之一的市场份额。

艾米尔之所以能成功，是因为她知道自己绝对不可能通过当皮肤科医生致富，并且想要在众多技术高超的皮肤科医生之中脱颖而出实在太难了，而通过当医生助理积攒的经验，发明不留唇印的口红却让她快速地收获了名利。

刚工作的年轻人，可能会遇到与艾米尔类似的经历。所以，你一定要弄清楚自己到底想要什么，然后再找一条适合自己的路。

很多时候，我们要学会放弃错误的坚持，不要因为一棵歪脖树而失去整片森林。换一条路走，是新生的开始。

多为自己造些势，让所有人知道你的好

酒香也怕巷子深，好产品也需要推广。特别是在竞争如此激烈、信息如此发达的今天，对于一个急需开拓市场的企业来说，就更需要造点声势来提高企业的知名度了——这是最快捷、最有效的方式。

一位美国出版商手里积压了一大批滞销书，他为此很着急。经过一番苦思冥想，他终于想出了一条妙计：给总统送去一本书，并三番五次地征求总统的意见。日理万机的总统实在没时间读这本书，而迫于出版商的纠缠，他就随便回了一句：这书不错。

这就是出版商要的结果，他由此马上展开了宣传："总统读过并称赞了这本书。"毫无疑问，这本书很快就被一抢而空。

后来，这位出版商又有书卖不出去了，他就重施故伎，又给总统送了一本。总统很生气出版商上次借自己的名望做了宣传，于是就奚落道："这本书糟透了！"

出乎意料的是，出版商并没有生气，反倒很高兴，他马上借此打出了宣传语："这本书深受总统的讨厌。"

这次，这本书又脱销了，因为每个读者都有好奇心，想知道这本深受总统讨厌的书到底写了些什么。

第三次，总统又收到了出版商寄来的一本滞销书。因为吸取了前两次的教训，总统心想："这一回，我什么表示都不做，看你怎么宣传！"于是，总统真的没做任何回复。

谁曾料到，出版商居然还可以借题发挥："现有总统难下定论的书，欲购请从速！"

结果可想而知，这本书也脱销了。

让总统帮你卖书，这听起来简直是天方夜谭，但并不是没有可能——只要你策划得法，总统也会成为影响产品销售的重要砝码。

很多企业想要提高自己的知名度，就会借助名人打广告，因为名人效应能让产品得到很好的宣传，为大众所知。所以，如果你身为领导，一定要好好利用名人效应。

提高产品知名度，还可以利用轰动效应。这就需要采取新的方式，所谓出奇制胜。当然，你一定要善于造势，尽可能地把场面做大——这样做不仅可以赢得顾客，还可以获得良好的声誉。

下面是西铁城公司当年的营销策略：很多人聚集在闹市区的一个广场上，都在向天空仰望着什么。

原来，几天前，西铁城公司在几家知名报刊上做广告，说为了答谢广大顾客的厚爱，要在一个特定时间内空投手表。而且，他们许诺空投的手表质量绝对值得信赖——要是在空投时摔坏了，捡到的人可以凭它到指定地点换取高于它 10 倍价格的现金。

谁都不愿意错过这次机会，于是，那天大家纷纷齐聚西铁城公司指定的地点，为的就是希望接到空投的手表。

人群中不知是谁高喊一声："来了，来了，直升机在那儿！"

只见一架标有"西铁城公司"字样的直升机盘旋在广场中央，两张巨大的标语条幅从舱门滚落出来。一张是："想要无烦恼，请用西铁城手表。"另一张是："观产品好坏，请看百米高空赠表。"

广场上的人都在高声叫好，接着就见一只只闪闪发光的西铁城手表从天而降，大家由此引发了"抢表大战"。

第二天，西铁城公司公布坏表率只有万分之八。市民惊呆了，无不交口称赞该表的质量——甚至连其中最普通的款式，也被人们吹捧成了市面上最好的手表。

据此，西铁城公司取得了轰动效应，很快就在手表市场上占据了相当大的份额。

西铁城公司之所以能取得如此大的轰动效应，首先是因为他们具有创造性，敢于调动直升机做广告，而消费者以前很少见过这种形式。其次是赠送商品的方式也比较新奇，比如采用高空赠表，因为一般公司采用的方式都是购买定量商品后才会赠送。

还有一点，也是最重要的一点，那就是坏表可以换取价值 10 倍于该表本身的现金。这就抓住了人们的心理，因为他们认为手表从那么高的地方投放下来一定会摔坏，而这也正是西铁城公司的用意所在，它就是想向消费者表明自家公司手表的质量相当可靠。

利用机会创造出强大的态势，从而形成一定的影响力，这就是造势的诀窍。但是，造势也要讲究诚信和尺度，太过的话将会适得其反。

▶ 当你吃了亏，就要让所有人知道这是为了谁

年轻人一般都是爱憎分明，遇到吃亏的情况，要么会厉声反对，要么会为了息事宁人而默默承受。

事实上，这两种方法都有弊端。前一种可能会影响人际关系，但有时候吃吃小亏也无妨；而后一种则往往是哑巴吃黄连——有苦说不出，并且时间长了，还会被人当成软柿子任意揉捏。

所以，最明智的做法就是把亏吃在明处，要让对方瞎子吃汤圆——心里有数。然后要争取补偿，在暗处得利。

小时候住在农村，有一件事情让我印象很深刻。

那时，每家都有一个竹篱笆的院子。有一天，我看到邻居偷偷把

我们两家中间的竹篱笆往我家这边挪了挪。

我很生气，回去就告诉了爷爷。我以为爷爷会过去跟邻居据理力争，没想到他听完后，只是淡淡地说了声"知道了"。等第二天的时候，我看到爷爷走到竹篱笆前，把它又往我家这边挪了挪。这样，邻居家的院子就更大了。

我不懂，就问爷爷为什么这么做。他笑了笑，没有回答我，然后抽着旱烟遛弯去了。

等到邻居干完活回来，我从屋里偷偷观察，发现邻居愣愣地盯着竹篱笆看了一会儿。然后，他把竹篱笆慢慢挪回了原处，还又往他们家那边挪了挪。

当年我看不懂这里面的门道，现在想起来，我觉得爷爷是一个情商高的人。

有时你主动吃亏，对方心里自然就觉得亏欠了你，之后就会想方设法地偿还你。所以，亏吃在暗处就白吃了，至少你要让别人知道，你吃亏首先是为了对方考虑。

英国哈利斯公司的总经理彼得有一次从食品报告单上发现，他们生产的某种食品的配方中，起保鲜作用的添加剂里面含有害物质。虽然这种有害物质不会危及人们的生命，但是如果长期食用也会损害身体健康。而对公司来说，如果不用添加剂又会影响食品的保鲜效果，继而影响公司的销售。

彼得权衡利弊之后，最终做出决定：为了公司的长远利益，暂时吃一下亏。于是，他毅然通过媒体把真相告知了顾客。

与彼得预想的一样，做出这项举措之后，他本人和公司都承受了巨大的压力。食品的销售量锐减不说，那些从事食品加工的老板也都联合起来，指责彼得别有用心，并一起抵制哈利斯公司的产品。

内忧外患之下，哈利斯公司一下子到了倒闭的边缘。但值得庆幸的是，此时哈利斯公司已经家喻户晓了。

皇天不负有心人，在苦苦挣扎了四年之后，国家相关部门终于站出来支持哈利斯公司。哈利斯公司的产品成了人们放心购买的热门商品，并且有感于彼得为大家的利益着想的这一做法，人们更加支持哈利斯公司了。

就这样，彼得用了很短的时间就恢复了元气，而且较之前的规模扩大了两倍，一举坐上了英国食品加工业的第一把交椅。

彼得选择吃亏是明智的，而把亏吃在明处更是明智之举，这样人们在领受了他的"恩德"后，一有机会马上就会想着报答他。正因为这样，他的公司在后来才得以迅速地恢复元气，并且比以前发展得更好。

年轻人刚进入社会，吃点小亏不是坏事，但一定要把亏吃在明处——这样，别人才能知道你的付出，进而报答你，让你在暗中得利。记住，吃亏是做人的一种气度，更是做事的一种谋略。

▶ 塑造一个好声音，让你的魅力无限

每个人的吸引力，都可以通过外貌、声音、说话内容、行为方式等得到放大和提升。我们能否与听众进行充分的交流，这完全取决于我们的口头表达能力和说话技巧。

一个人魅力的大小，与他的说话声音有着密切的关系。我们的说话声音总是在变化，其实它是随着我们自身的变化而变化的，它对我们如何感知自己、感知他人都有着深刻的影响。

国外一家权威调查机构通过问卷调查发现，高达九成的人认为，声音是一个人的魅力最重要的构成部分。一个人的声音能否表现出足够的吸引力，与他受欢迎的程度有关，也与他社交上的成功有关。

其实，对任何人而言，声音都可以真实地反映出他的教养和品性。我们可以用自己的声音来赢得他人的尊敬、爱戴和信任。

当年，一部改编自《世界的战争》的广播剧在美国轰动一时。

虽然当时这家广播公司公开声明说这仅仅是一部戏剧而已，并不是真实事件，可是由于电台的覆盖面很广泛，加上主播的声音让听众

心情激动，结果全美国人都为此而着了迷。

甚至，有上万名听众当时在听了广播后就开始恐慌起来，因为他们相信广播中讲述的事情是事实，觉得人类将要遭到火星人的入侵。

声音对增强我们自身的魅力有很大的帮助，我们可以想想：为什么我们容易信任那些优秀的播音员呢？其实很简单，因为他们的声音优美悦耳，有很大的吸引力，能给人一种美的享受，所以听众不会轻易转移注意力。

当今社会，很多年轻人都接受过高等教育，甚至毕业于名牌大学，他们也许有才华，可就是没怎么学习过怎样发出优美的声音。所以，我们从他们的声音中总能听出不和谐的音调，甚至那些感觉敏锐的人都不太喜欢与他们谈话。

所以，倘若你的声音让别人听起来不舒服，这就可能会降低你的吸引力，同时抹杀你的其他优点。

我们应该让声音成为自身的优势，而不是敌人。不论我们的声音原来怎么样，其实都可以通过练习来改变，从而让它体现出自身的魅力。

我们要明白，听众所期待的声音是什么——当然，那就是容易让人听懂，同时让人愉悦。倘若每一个字词和每一个句子都能被清晰、圆润地表达出来，而且显得抑扬顿挫，这是非常美妙的，那会让更多的人被我们感染，或者喜欢上我们。

▶ 通过眼睛行事，做一个有"眼色"的人

眼睛是人们用来传达信息的最为重要的器官之一，因为一个人心里想什么，十之八九都可以通过他的眼神表现出来，就连亚圣孟子也曾说过："存乎人者，莫良于眸子。眸子不能掩其恶，胸中正，则眸子了焉；胸中不正，则眸子眊焉。"

秦朝时，赵高想要陷害李斯，于是就对李斯说了秦二世的种种不好，并劝李斯进谏秦二世。他随即还跟李斯约定，秦二世一有闲暇，他便会第一时间通知李斯。

有一天，李斯应赵高之约进宫，时值秦二世正与姬妾取乐，他看见李斯进来扫了自己的兴，心中极为不爽。

而李斯却毫不知情，依然要进谏。秦二世只好当面敷衍李斯，等他一走，就说他不识时务，偏偏选择自己跟姬妾行乐的时候来进谏。这就为李斯遭遇杀身之祸埋下了隐患。

我们不要认为"看眼色行事"不好，其实，眼色是人类的另一种

语言。在人际交往中，我们要懂得看人眼色，以便了解对方真实的内心想法。但是，想要通过眼神探知别人的内心活动，就要具备敏锐的观察力和准确的判断力。因为，眼神的变化相当快，一定要把握好每一个细节。

情商高的人不仅会看人眼色，还知道在某些特定场合里什么话不能说，什么话能说以及怎么说。我们一定要顾及时机、场合、对方的心情等客观因素，这才是真正的看眼色。

有一个人特别喜欢讲笑话，有一次参加朋友的婚礼时，他在婚礼上大谈自己的见闻，大家因此被逗得哈哈大笑。

谁曾料到，心血来潮的他偏偏讲起一个新郎杀死新娘的故事。不过，他还没把故事说完，新郎和新娘都生气了，他却毫不自知，还在滔滔不绝地说着。

最后，新郎委婉地问他是否喝多了，如果喝多了就早点回去。他这才意识到自己说错了话。

有些人在人际交往中不注意看眼色行事，遇事往往只从个人主观感觉出发，心里想什么嘴上就说什么——他们说话不分时机和场合，结果就在无意间得罪了别人。

张霖是我以前的同事，他为人处世总能让人觉得舒服，所以人缘特别好。在公司干了四五年后，他就辞职转行开起了饭店，有时候我们这些老同事也会去他的饭店吃饭。不过，有时他在外面忙着采购食材，去了不一定能碰上面，得电话预约。

有一次周末，我们几个老同事相约去张霖的饭店吃饭，就打电话让他过来也聚聚，可在说包间号时，我说错了一个数。

等张霖到饭店时，直接去了当时说好的包间，刚一推开门就发现走错了。因为包间里的客人已经结账走了，一个 20 岁出头的服务生正在吃客人没吃完的菜。

服务生没想到老板会进来，整个人顿时愣住了。

张霖本来想走，可看到服务生尴尬的表情，扭头对门外的服务生说："帮我拿双筷子，这几盘菜又没怎么动过，直接倒了挺浪费的。"说完，他就坐到服务生旁边，和他一起在包间吃了几口剩菜。

那天以后，那个服务生对工作更卖力了。现在他已经是餐厅的领班，张霖也很欣赏他。

情商高的人在看眼色行事的时候，总会注意场合，并时时在头脑中绷紧这根弦——这样才能看准对方的心理活动，也会让自己说话、办事更顺利。

要专心，没有所谓的面面俱到

当我们想扩大人脉圈，希望自己能够获得大家的喜爱，什么事情都能面面俱到时，你会发现有时候结果却是四处不讨好。

其实，我们的努力不一定能得到所有人的认可，但只要自己尽最大的努力就可以了。因为，每个人的个性不同，就算你再好，也会有人不喜欢你，所以你不必强求自己做到让每个人都满意。

任何人做事情都不可能做到完美，世界上也没有把任何事情都做到完美的"全能者"，就像体育竞技一样，有人擅长跳马，有人擅长走平衡木，有人擅长艺术体操……

所谓"术业有专攻"，只有集中精力才能做好一件事——如果分散精力去做很多事，那最终可能会导致一事无成。

一口吃不成个大胖子，即使你想做成很多事，也得一步一步来——只有把每一步都走好了，你才有可能成功。

张羽上大学时学的是软件编程，可他总觉得这个专业不适合自己，所以从未认真学过，但他又不知道自己该学些什么。

一次，他路过一间教室的时候，发现里面正在上动画设计课。他心想，自己学的编程跟这个专业也沾边，倒不如学学这个，而且学好了将来可以进入高薪行业。

于是，他就开始自学动画设计，但学了没多久，他觉得这也不适合自己。因为，他根本没有美术基础，做出来的动画形象不符合现实生活中的动作效果，况且自学美术也不现实，他就放弃了学动画设计。

后来，张羽突然想到影视后期也跟计算机专业沾边，而且不需要动画基础，只学软件就行了，还比学编程快，学成以后一定很好找工作。可是学了没几天他发现，影视后期虽然比较简单易学，但由于一些规律他并不清楚，因此剪出来的片子都不能看。

在大学四年里，张羽不断地寻找着适合自己的专业，他虽然学习了很多课程，可没有一门课程是精通的。而且，由于他把大量时间都花在了学别的课程上，导致专业课没学好，毕业后很难找工作。

张羽这才发现自己荒废了大学四年的好时光。

有时候，我们想抓住所有的东西，结果可能什么也没抓住。所以，我们只有把最主要的事情做好，才能打下成功的基础。

就像那句广告词说的："没有最好，只有更好。"我们只能不断地努力去做更好的自己，却不能达到最好的程度。因此，我们只要抓住自己的擅长点，在这一方面下功夫就可以了。是的，尽管这个世界上没有全能冠军，但是我们可以在团队里做一名单项冠军。

Part 4:

做个善解人意的人，怼人并非你社交的目的

给对方留一个台阶，等于给自己留一扇窗户

有些时候，谎言也是对对方的尊重

当错误发生时，要懂得说对不起

多为对方着想，他才会把你当自己人

社交的舞台上，并非只有你一个主角

把"我们"常挂嘴边，跟谁都能成为自己人

▶ 给对方留一个台阶，等于给自己留一扇窗户

人生不会永远一帆风顺，谁都有时运不济的时候，所以凡事不能做绝，不论何时都要给自己留一条后路。得意时，不要把别人逼到死角，要给对方台阶下——这不仅是给别人机会，也等于为自己留了一扇窗户。

俗话说："三十年河东，三十年河西。"如果当初你给他人留了后路，自己落魄时对方也会对你伸出援手。如果之前你太过盛气凌人，这时别人只会落井下石。

堂妹大学毕业后，与舍友王艳进了同一家服装公司。俩人因为是好朋友，所以相处得很和睦。但后来，她们就开始暗地里较劲了——她们都想早日转正，好升职加薪。

有一次，堂妹整理的数据出了问题，领导在办公室里狠狠地批评她："你来公司有一段时间了，怎么都不长记性啊？做这么简单的事你也出错，真是让我太失望了。"

这时候，王艳正好也来交资料，看到这一幕，她不但不给堂妹台

阶下，还趁机添油加醋地讽刺道："我们是同一天来公司的，算算日子确实也不短了。"王艳的讽刺之意非常明显，堂妹听了又生气又难过。

领导又批评了堂妹几句，让她去重做。

后来，堂妹拦住王艳质问道："你刚才在办公室里为什么添油加醋地告我状？再怎么说，我们也是校友和朋友啊！"

"我哪儿有啊？"王艳还不承认。

"你还不承认，那好，以后你别有事求到我！"堂妹一时发了火。

"求你？哼，我才不会出错呢。咱们今天就一刀两断，以后走着瞧。"王艳没有考虑后果，把话说绝了。

三个月后，堂妹因为工作能力出众，提前转正并被评为优秀员工，提为组长，成了王艳的上级。但是，堂妹并没有刁难王艳什么，只是再见面时，两人都会觉得有些尴尬。

王艳因为面对堂妹时一直很不自在，最后没办法，就辞职重新去找工作了。

俗话说："饭可以多吃，话不可以多说，事不可以做绝。"这是为人处世的重要原则，也是中庸之道的重要体现。

你给别人带来不了一辈子的压力，同时能给自己留一条后路，何乐而不为呢？像王艳最后只能自食苦果，就是因为当初不懂得适可而止，把话说得太过，丝毫不给自己和别人留余地。

每个人的生活都会有起伏，一时得意，一时也会落魄。如果你不懂得适可而止，甚至借机落井下石，之后必然会被反击。说话、做事留有余地，才是保护自己的最好方法。

因为，把话说绝，把事做过，就好比一个杯子里装满了水，继续加水只会溢出，这就是"水满则溢"的道理。所以，聪明人不管在什么时候都会给自己、给别人留余地。当然，这就必须从各方面严格要求自己了。

首先，要学会说话，无论什么原因，都不能把话说得太满。

其次，没能力干好的事，不要随口应承。即使你有把握干好它，也要含蓄地表态，给自己留下空间。

最后，如果别人遭遇尴尬或一时失意，我们也不要嘲笑，而应该拿出自己的宽容来，为对方大开方便之门，那样对方必将无比感激。

张绮雨大学毕业后找了一份很不错的工作，待遇丰厚，工作也不累，还有大把的休息时间。她唯一的缺点就是有些小虚荣，特别喜欢在别人面前显摆自己，比如炫耀自己有钱，有追求，有品位。

每次见到朋友，她都会说："我的梦想就是环游世界，见识形形色色的人和事，而不是做个平庸的井底之蛙。"

起初，大家都以为张绮雨是说真的，并称赞她是个浪漫主义者。但是，很久之后她还是逢人就说自己要环游世界的梦想，只是从来不付诸行动。渐渐地，大家就开始有点反感她了。

在一次同学聚会上，张绮雨又是老话重提，一个同学实在忍不住了，嘲讽张绮雨："你不是说要去环游世界吗？那你先说说，你去过多少国内的旅游景点？”

张绮雨尴尬地说：‘还没去过几个呢。”

大家忍不住嘲笑了他一番。我赶紧出来打圆场："没事，没事，计划往往赶不上变化，绮雨的计划肯定会慢慢实现的。"

我的及时救场让张绮雨感激不已，从那之后，她时不时地就会送些小礼物给我，在我需要帮助的时候，她也总是会伸出援手。

每个人都有陷入尴尬、遇到困难需要及时被人救场的时候，这时，如果我们能为对方铺就一条"出路"，就等于给自己留了条后路。所以，跟他人交往时，我们要懂得为别人考虑，得饶人处且饶人。

还有些人比较势利，看到他人落魄时就冷眼相待，不愿伸出援手。这就需要我们端正自己的态度，不要戴着有色眼镜看人。

其实，在关键时刻要帮助他人，因为对方现在落魄不等于永远不济，之后说不定还会大有作为。也就是说，我们要有多在"冷庙烧高香"的见识——平时有意识地帮助时运不济的朋友，等他们有朝一日飞黄腾达之后，通常都会涌泉相报，这也等于为自己留了后路。

懂得留余地是一种豁达、睿智，是"宰相肚里能撑船"的表现，可以得到别人的支持。所以，要想在交际道路上走得更远，留余地是最好的方式。

▶ 有些时候，谎言也是对对方的尊重

我们从小受的教育是要为人诚实，因为在社交中以诚待人是大家都认可的一个原则。

诚然，你只有对别人付出真心，才能得到对方的信任，可有时候，特别是在自己陷入两难的处境时，我们还要学会适当地说谎——如此一来，你既能照顾到对方的面子，也不致让自己陷入不利的境地。

李可为人很诚实，他最不耻的一种品行就是虚伪，因此他一直要求自己，无论在什么场合、遇到什么人都不能说谎。可就是这样一个耿直的人，到了40岁的时候，身边竟没有一个知心朋友，连亲人都不怎么喜欢他。

话说年轻的时候，李可供职于一家大型互联网公司，凭借多年的工作经验，他很快晋升为公司的一名中层领导。出于工作的需要，他每天不得不跟各个部门的经理和员工打交道。

有一次，公司要进行大规模的人员调整，老总让每一名中层领导都上交一份方案。李可特别实在，该汇报、不该汇报的问题，他都说

了——虽然说的都是实话，但也因此得罪了不少人。

其他问题也就算了，关键是他还披露了部门经理生活不检点。这下可好了，部门经理遇到了大麻烦，人家费了好大的劲儿才把事情摆平，没被上级领导追究。

李可还跟没事人一样，觉得自己没有错，只是说了实话而已。但部门经理把他当成了眼中钉、肉中刺，处处给他穿小鞋、使绊子，恨不得整死他。

"大家的生活问题关你什么事？如果当初你不说实话，现在也不至如此啊！"好心的同事提醒李可。

"这是什么话，做人就应该说实话！"李可斩钉截铁地说道。

同事原本是好意，结果挨了一顿批，之后就再也没人帮李可了。最后，李可实在混不下去了，只能辞职走人。但他在其他公司也不会工作得太久，因为他在"孤胆英雄"的路上走得更远了。

李可为人耿直，但就是因为太耿直，什么都敢说，才让自己变成了讨人厌的危险人物。所以说，在社交中，必要的谎言还是要说的。

说谎不是虚伪，有时候只是一种必要的交际手段，无关道德人品。李可的悲剧在于，他混淆了说谎与虚伪，导致没有人愿意亲近他，最终他只能失去别人的尊重，也毁了保护自己的防线。

美国社会心理学家费尔德曼将人们说谎的动机分为三类：第一类，讨别人欢心；第二类，夸耀自己和装派头；第三类，自我保护。

前两个动机我们可以理解，至于第三个，有的人就会觉得为了保护自己而说谎是一件很不光彩的事情。其实，只要我们说谎不是为自己谋私利或者伤害他人，内心大可不必为此纠结。

"逢人只说三分话，未可全抛一片心"，有时候我们需要做的只是交际活动而已。如果对对方的一言一行都较真儿的话，很容易让人尴尬，而自己也不会给人留下好印象。因此，不分场合的诚实不仅会伤害别人，也会伤害自己。

抛开道德不说，分场合说谎也是一种智慧——真正高明的谎言可以为我们在人际交往中加分。意思是说，说谎的时机要适当，用词也要合理，并且要满含真诚，那样能让对方感到温暖，同时能保全自己的面子。

生活中，我们经常会遇到这样的情况，本来已经打算好了周末要跟女朋友出去玩，可朋友打电话来问有没有时间聚会——这时候，你如果直接坦白地说出理由，不免会让朋友对你产生重色轻友的怀疑。

所以，为了避免误会，你可以用一些听起来合情合理的理由推掉朋友的邀约，比如公司加班、家里有事等，要把理由说得很详细，也要很真诚地对他表示歉意，让对方理解自己，并且跟他约好其他时间再聚会。如此一来，你既安抚了朋友，也保证了自己的正常活动。

与人交往，适当的谎言可以起到促进作用。因为，谎言有时候能够让尴尬的气氛变得活跃，让紧张的关系变得轻松。毕竟，如果我们能达到既不得罪别人也保护了自己的目的，算是两全其美。

所以说，在社交中，恰当的谎言必不可少，但不能说弥天大谎故意去欺骗他人。否则，谎言一旦被拆穿，就会引起不必要的麻烦。

　　中秋节那天，漫漫因为公司聚餐而醉酒摔倒，把脸划破了，缝了好几针，当时左脸看起来有点恐怖。她从小就是一个非常爱美的人，这可把她吓坏了，于是天天跟朋友哭诉，要死要活的。

　　"漫漫，没事的，伤口虽然大，但不深。等伤疤好一点，可以做个美容手术，不会留疤的。"我安慰她道。

　　"真的吗？你确定吗？"漫漫迫不及待地问。

　　"对，是真的。"我不敢确定，只能说谎话，"我之前有一个朋友，脸被玻璃划破也缝了针，后来她用了好药，做了美容手术，最后真的没留疤。"

　　听了我的话，漫漫安心了不少。等美容过后，她的脸上最终还是留下了一点疤痕，但她已能坦然接受了。而对于我善意的谎言，她非常感激。

　　还有，说谎时要对人对事，不能满口胡诌，那样一下子就会被他人识破，对方不但不感激你，反而会觉得你虚伪。比如，你跟一个长相丑陋的人说他长得好看，他一听就知道你在撒谎，甚至觉得是一种讽刺。所以，说谎要有事实根据，不能太离谱。

　　这个世界上到处都有善良的人和善意的谎言，尤其是在交际场合，那就让必要的谎言发挥它应有的作用吧。

▶ 当错误发生时，要懂得说对不起

每个人都会犯错误，这在所难免，可是犯错后大家的反应可谓千人千面：有的人掩耳盗铃，有的人文过饰非，有的人死不认账，有的人立刻道歉……

错误发生之后，选择不同的应对方式会产生不同的结果，而且根据当时的具体状况和情节的严重程度，每一种处理方式都有它的利弊。

比如，你借朋友的硬盘使用，可是弄丢了，你耍个心眼儿掩饰过去了，对方对你的印象可能一如既往。可如果这个错误造成的影响很严重，比如硬盘里有重要的资料，你也一推六二五来个死不认账，对方必然会在背后对你指指点点。

承认错误，别人也许会怀疑你的能力——其实，我们非常害怕别人因此而看扁了自己，更害怕承担责任，所以很多时候我们拒绝承认错误。可是，从长远利益来看，直接承认错误其实是最明智的选择——虽然表面上我们好像失去了形象分，能力也受到了质疑，但是我们因此获得了谅解和改正错误的机会，还会因为勇于道歉而得到对方的信任和尊敬。

正如美国田纳西银行前总经理特里的一句名言："承认错误是一个人最大的力量源泉，因为正视错误的人将得到错误以外的东西。"这就是道歉定律，也称特里法则。

可见，其实道歉是从失去到得到的转折点，而且你失去的只是一点点所谓的面子，得到的却会更多。

某公司有个叫马修的会计，他在核对员工工资表的时候，因为一时疏忽错误地给了一名请病假的员工全薪。当他发现这个错误之后，立即找到那名员工进行解释，并且特此说明多发的薪水会在下个月的薪水中扣除。

这让那名员工非常不满，因为他的薪水都是有计划的，而且孩子最近生病了，他的用度很紧张，如果下个月的薪水一下子被扣去很多，会让他出现严重的财务危机。所以，他请求马修分期扣除多发的薪水。

但是这样一来，马修就必须向上司请示，而这等于把自己犯的这个愚蠢错误大白于天下。同时，这还会影响一向对马修信赖有加的上司对他的印象。

马修一开始很犹豫，后来就觉得不能坐视不管。所以，他先向那名员工道了歉，并且承诺会尽全力向上司去争取。那名员工自然是感激不尽。

接着，马修很快来到上司的办公室，将事情的来龙去脉解释清楚了，随后对上司说："对不起，都是我的错。"

上司听了，一开始非常恼火，但因为他很信任马修，想为马修开脱，所以就责怪人事部的人没有将考勤处理好。但是，马修非常诚恳地继续道歉："我非常抱歉，保证这种事情以后绝对不会再发生了。但这一次，确实是我的错！"

"好吧！"上司说，"这的确是你的错，那么，现在你就将功补过——这件事情全权交给你去处理，别再办砸了！"

于是，马修根据那名员工的请求和公司的规章制度很快将这件事情处理好了。他及时承认并弥补了错误，自那之后，大家对他更加信赖，老板对他也更加器重了，这真是因祸得福。

做错了事后能及时道歉，不仅可以消除自身的罪恶感，也有利于解决问题，更能建立一个诚实守信的形象。试想：人们是愿意跟一个巧舌如簧、表面上不会犯错的人交往，还是喜欢跟一个看起来不那么聪明但犯错后会及时道歉并改正的人交往呢？

现在，你知道该如何去做了吧。

▶ 多为对方着想，他才会把你当自己人

如果想让对方成为自己的朋友，那么，你就要从对方的角度来思

考问题，看他希望交到什么样的朋友。也就是说，你只有做到想人之所想，急人之所急，才能交到真正的朋友。

　　好友魏云在一家外企上班，工作时他一点都不敢懈怠，因为外企里竞争都很激烈，况且还在实习期的他还没跟公司正式签订合同。然而，他一直很努力地工作了三个月，并没有取得一定的成绩，只是完成任务罢了。

　　实习期快结束了，魏云很担心自己会被刷掉，但是也想不出什么好办法来。于是，他找到我，跟我诉说了自己的担忧。

　　我听后，对他说："你一直都忙于工作，是不是忽略了什么事情？"

　　魏云听不太明白，便让我继续说。我解释说："你光顾着工作，但忘了一件最重要的事，那就是与上级和同事搞好关系。其中，最重要的还是与上级的关系。因为上级的一句话就可以决定你的去留。"

　　魏云这才恍然大悟。他决定在最后这几天尽最大的努力搞好人际关系。

　　第二天，他提前去上班，到了办公室就开始打扫卫生，虽然这并不属于他的工作范围，且至少可以让人注意到他——他只想尽力做得更好。

　　之后，他主动带着自己的方案来找经理讨论——他只想让经理知道他有能力做好工作。事实上，经理对他的方案很感兴趣，还纳闷地想：怎么这么长时间都没有注意到这个人才？于是，经理决定重点培养他。

在接下来的几天里，魏云不光得到了经理的认可，还得到了同事们的好评。

试用期过后，他顺利地留在了公司，并且在三个月后被提升为经理助理。

魏云最终成功地留在了公司，并且很快得到晋升，这说明他很好地抓住了上司的心。天下没有不爱才的上司，他们也需要得力干将来为自己出谋划策，认真工作。当然，你也绝不能因此而走上阿谀奉承的道路。

其实，在日常生活中，即使是结交朋友也要从对方的角度来考虑问题。比如，对方一开始可能对你并不信任，而你要知道自己该如何做——只有设身处地地为对方着想，他才能真正把你当作人生益友。

在商场上，要想赢得客户，就更要想他之所想了。只有在了解了对方的想法之后，我们才能做出更好的回应。这是做成生意的正确态度。

总之，不管做什么，能从对方的角度考虑问题，就能更好地满足对方的要求，从而达到自己的目的。

社交的舞台上，并非只有你一个主角

有这样一类人，他们总是自我感觉良好，做什么事都以自我为中心，置他人的需求和感受于不顾。这主要表现在：第一，不关心别人，与他人关系疏远；第二，固执己见，唯我独尊；第三，自尊心过强、过度防卫，有明显的嫉妒心。

总的来说，这种人心里只有自己，从来不考虑别人。原因是，他们拥有严重的个人主义思想。

毫无疑问，这种自我意识对他们自己的发展有百害而无一利。由于过度追求个人利益，他们在追求自己的"崇高理想"的同时，也失去了良好的人际关系——没有人愿意跟他们这种自私的人合作共事或终生相伴。

坦白说，任何人都有自私自利的思想，只不过有人能分清对象来不同地对待。现今独生子女多，他们从小就是整个家庭的核心，长辈大多都过分地爱护甚至是溺爱他们，使得他们在不知不觉中养成了自私自利的坏习惯，在交际中会忽视别人的感受。

向南是某公司销售精英，正在奔着销售部副经理的位置努力。这天他回到家，高兴地对小鹿说："老婆，告诉你一个好消息，今天开会的时候，领导对我提的方案很满意，还说……"

"真的吗？"小鹿心不在焉地说，她正在修剪一盆石榴花，"那真是个好消息。老公你看，这盆花打理得好不好看？对了，咱家马桶不抽水了，你一会儿去看看好吗？"

"当然好啦。我刚说领导听取了我的建议，说真的，开会的时候我真有点紧张，但他们终于发现了我的才华，说不定……"

"是啊，我早就说过你是怀才不遇。"小鹿插话道，"我买了咖喱粉，晚上我们吃咖喱饭吧。对了，下午表妹给我打电话来着，说要过来住两天，我去收拾一下客房，你先去厨房削土豆吧。"

直到这时候向南才发现，在这场沟通中他彻底被老婆打败了。没办法，他只好闷头走进了厨房，而小鹿丝毫没注意到他的情绪。

看到这里，大多数人都认为小鹿自私极了，只在乎自己的问题。其实，小鹿与向南一样，都想找一个倾听者，可她把倾诉的时间弄错了——如果她能耐心地听完老公想说的话，再跟他聊自己想说的话题，两个人的相处会很愉快。

每个人都想获得利益，避免伤害，这就是人性。如果可以，我们都想按照自己的想法去生活，在交际中获得最大的利益。可是，人们总是相互制约，每一个变量的改变都会对整个沟通产生深远的影响——就像"蝴蝶效应"一样，美国太平洋海岸的一只蝴蝶仅仅扇动一下翅膀，就能引起对面海岸的一场海啸。所以说，事物的发展往往不会按照个人的意愿进行。

社会学家指出，人际交往中最简单、最实用的原则就是"你喜欢我，我就喜欢你"。所以，你若想得到别人的欣赏和尊重，首先要学会欣赏和尊重别人，人类的发展就是这样相互制衡的。

有人说，你能在某段时间骗了某个人，也能在某段时间骗了所有人，可是你不能在全部的时间里骗了所有人。你是什么人，大家迟早会看出来，到那时，你的信誉就会像多米诺骨牌一样迅速坍塌。

因为，人际关系是一种互动中的平衡，如果你不幸违背了这一原则，那么你很快就会得到教训。比如，曹操刚刚说："宁我负人，毋人负我！"陈宫就想："（曹操）原来是个狼心之徒，今日留之，必为后患。"于是，他就起了杀曹之心。虽然陈宫最后没能杀了曹操，但也不再辅佐他了。对曹操来说，失去陈宫是一个非常大的损失。

在工作和生活中，每个人都有自己的欲望和要求，并且享有相应的权利和义务，但是现实不可能满足所有人，如此一来，就很容易出现矛盾。因此，我们不能一味地为自己考虑，而要客观地面对现实，学会包容和礼尚往来。

我们要跳出自己的圈子，提高自己的修养，控制自我的欲望与言行，多为身边的人着想，学会尊重、理解和关心、帮助别人。只有这样，在你需要帮助的时候，别人才会伸出援手。

把关爱留点给别人，把公心留点给自己。

▶ 把"我们"常挂嘴边，跟谁都能成为自己人

在沟通的过程中，如果你总是把"我"字挂在嘴边，会给人自私、狭隘、没有团队协作精神之感。这样一来，不但没有人愿意跟你交朋友，你也不会找到好工作。

所以，无论与什么人沟通，都不要总是把"我"字挂在嘴边。所谓"说者无意，听者有心"，即使你不是故意的，别人还是会觉得不舒服。

如果把"我"变成"我们"，与人交往则会顺利很多。这是因为，"我们"显得非常谦虚，说出来的话对方爱听，对方自然就会心情舒畅，这样你在与其沟通的时候也就不会有障碍了。

一家大型公司发出招聘信息后，应聘者接踵而至，多达百余人。当时，公司只需聘用两人，于是在一番精挑细选后选中三人，以期进行下一轮的面试。

由该公司高层组成的招聘小组经商讨后，为这三人出了一道这样的题目："假设你们三人一起开车去森林探险，结果车子在返回途中

抛锚。这时，车内只有四样东西供你们选择，分别为刀、帐篷、水和绳子，请你们按照这些物品对你们自身的重要性进行排序。"

其中一位男士首先答道："我选择刀、帐篷、水、绳子。"

招聘负责人问："你为什么把刀放在第一位？"

这位男士说："我不想害人，但防人之心还是要有的。帐篷只能睡两个人，水也只有一瓶，万一有人为了生存而争夺，想谋害我怎么办？我把刀拿到手，也好防身啊！"

其中一位女士说："水、帐篷、刀、绳子这四样东西是我们都需要的物品。"马上，"我们"这个词引起了招聘负责人的兴趣，他微笑着问："说说你的看法。"

女士解释说："水是生命之源，尽管只够两个人喝，但大家都谦让的话，省着点是可以共度危机的；帐篷虽然只够两个人睡，但三个人可以轮流睡；刀也是必不可少的防身工具；而当遇到悬崖峭壁时，我们可以用绳子进行攀援。"

最后一位男士的回答与这位女士大致相同。

结果，第一位男士被淘汰出局了。

这就是把"我"字常挂在嘴边给人们带来的不利影响。一个过分以自我为中心的人，做事喜欢抢风头，抢功劳，并且还会把过错推给别人——这样的人会令人讨厌，没有人愿意与之为伍。

一名肥胖的女孩来到服装店买 T 恤，可是试了很多件都不满意——自己喜欢的穿不上，能穿上的又不喜欢。

这时候，一名跟她身材差不多的导购员走过来，问道："这位朋友，是不是很难挑到中意的衣服？"

"是啊！"

"像我们这样身材的人，很难买到合适的衣服，我就经常买不到。"

这句话一下子说出了女孩的苦恼，她点点头说："是的，很多衣服我都挺喜欢的，可就是没有大号，我穿不了。"

接着，导购员耐心地向女孩传授了一些胖人挑衣服、穿衣服的技巧，最后说："我们店里的衣服款式很多，而且号码齐全——瞧，这件就很适合咱们，你试试看。"

女孩子对导购员亲切的话语充满了好感，而且对她的眼光很信赖，试穿之后立即决定买一件。

这名导购员正是用"我们"一词将顾客变成了"自己人"，结果对方就对她增加了信任感和好感。与人交谈，用"我"和"我们"的差别在于听者的感受。人们都比较喜欢听"我们"这个词，比如："这是我们共同的家园。""这是我们共同的公司。"

说者用"我们"一词将听者变为"自己人"，可以激发听者的积极性、主动性、自觉性。相反，如果将"我们"换成"我"，听者心里必然会产生抵触情绪，认为你对他不够尊重，同时也会认为你是一个自私的人，从而不愿与你交往。

所以，无论与谁沟通，我们都要把对方摆在首要位置，把"我们"一词挂在嘴上，让说出去的话发挥出联络感情的作用。

Part 5 :

难得糊涂，并非所有事情都要明明白白

有些问题，不懂比明白更好些

不是每一个人，都能成为推心置腹的朋友

保持一定距离，过自己的"美好生活"

得意忘形只会招来恶果

隐藏自己的实力，避免成为靶子的中心

初入职场，聊天不要大谈特谈

注意你的言行，防止触碰到他人的利益

▶ 有些问题，不懂比明白更好些

有时候，我们会遇到形形色色让人难以回答，甚至不怀好意的提问——如果你不懂谈话技巧，很容易让气氛变得尴尬，甚至得罪他人。有些人就是因为不善于回答提问，从而让自己陷入被动又无法让对方满意的境地。

其实，面对不想回答的问题，我们要学会答非所问，巧妙地进行化解，这样自己既不失礼，又能保全面子。

前段时间，秀雨去美容院做了面部微调，五官确实立体了不少。上周她去参加大学同学的婚礼，大家都夸她越来越漂亮了。

小棠盯着秀雨的鼻子看了一会儿，说："你现在怎么这么漂亮了，是不是整容了？"

"哈哈，你真是太会夸人了！"秀雨不动声色地说。

就这样，原本尴尬的话题就被秀雨巧妙地化解了。

在社交中，不要回答别人想知道的问题，而要回答自己想回答的问题。尤其是在重要场合，巧妙的回答不仅能显示自己的才华，还可以让对方满意，让他产生好感。案例中的小棠就是个不会提问题的人，她时时在暴露自己的短处，最终影响了自己的形象。

有人认为，话多说一句少说一句都没关系，在回答问题时可以毫无保留。事实证明，这是不可取的。这时，答非所问就派上用场了。它可以让我们巧妙地绕开他人的话题，既能避免尴尬又能避免失礼，引起不必要的麻烦。

懂得运用答非所问方式回答问题的人，总能在社交中如鱼得水，赢得"柳暗花明又一村"的新局面。

要想做到答非所问，就要懂得"揣着明白装糊涂"，这样的人不是傻瓜，而是真正的智者。面对尖锐的问题，回答会让我们感到尴尬，不回答又显得不够大气——而假装听不懂其中的含义，用其他方式回答才是最好的办法。

有些人无法做到答非所问，他的人际关系就会显得比较紧张。凡事太认真就会心胸狭隘，斤斤计较是交际中的忌讳，千万不能老犯类似的错误。遇到难题，要学会轻松绕行，这样才能把交际问题解决得更好，从而达到社交的目的。

遇到不方便正面回答的问题时，可以通过暗示让对方明白其中的意思，或者传达自己的不满，言在此而意在彼。这是一种有效的缓冲方法，可以使对方扔出的"炸弹"威力降低，也可以给对方一次含蓄的警告或一个下马威。如此，对方才能意识到自己的问题并加以改正。

社交中，很多时候我们都不能"打开天窗说亮话"，而要通过巧妙的暗示将难以回答的问题变得简单，同时让气氛不太尴尬。所以，我们要学会通过暗示表达自我，巧妙地回答问题。

转移话题也是答非所问的重要方法，面对不想回答的问题，不妨当作没听到，开启新话题。主动转换话题，主导谈话方向，这样才能在交际中占据主动地位，避开雷区。

王浩是刚入职场的新人，也是因为初生牛犊不怕虎，他一来就得罪了很多人，为此吃了不少苦头。后来，他也意识到了不妥并慢慢地改正，但平时跟人聊天时还是有人故意刁难他。

在一次公司培训的时候，王浩因为早晨堵车迟到了 5 分钟——这可不得了，他一时成为众矢之的。公司的培训主管张老师带头刁难他："哟，小王，你可是从来不迟到的，今天培训怎么迟到了？该不会是对领导有意见吧？"

面对这么让人为难的问题，王浩很生气，但也不敢跟张老师顶嘴。于是，他灵机一动说："张老师，您来得真早，早就听别人说您是单位的楷模，以后我得向您学习。"

张老师还想发问，王浩立刻打断他："听口音您是大连人吧？我外婆也是大连的，有机会到大连了我请您吃饭。"

就这样，王浩通过转移话题，巧妙地避开了张老师的刁难，化解了尴尬。

遇到实在不想回答的问题，还可以假装听不懂，曲解对方的意思而应付过去。因为，那些经验丰富的人很会设计谈话陷阱，你如果按照常规思维方式去回答他们的提问，必然会掉进陷阱，而巧妙曲解就不会如此了。

如果对方的问题有难度，或者一时不知该如何回答，你可以通过反问把问题抛给对方，让对方替自己回答。如此一来，你可以根据对方的回答而取其精华，或许对方可能也会因为不好回答而放弃刁难。

总之，我们在社交中难免会遇到不怀好意的刁难者，如果我们不懂答非所问，就会陷入被动局面，被对方牵着鼻子走。所以，我们要培养自己绕开话题的意识——既能给对方有力的还击，又能彰显我们的智慧，这最好不过了。

交谈时，我们除了可以通过以上几种方式来应对他人不怀好意的问题，更主要的是要随时保持自己敏捷的思维，寻找对方话语里的突破口——只有如此，我们才能在回答问题时占据有利的交际地位。

▶ 不是每一个人，都能成为推心置腹的朋友

在社交中，我们可以跟任何人和平相处，但不可能跟所有人都成为朋友。所以在聊天时，我们完全不必推心置腹地跟所有人交底。

这是因为，不是所有人都可以跟你兄弟相称。就算是朋友，我们也要先经过慎重的选择，找到真正可以掏心掏肺的人，然后敞开心扉地交谈。

小贝在公司干了两年多，他觉得现在所在的售后部没啥发展前景，打算年后跟公司申请调去市场部，如果公司不批准就辞职。

没过几天，小贝在食堂碰见人事部的主管大森，他们俩平时关系不错，小贝就把心事告诉了大森。可没想到，大森扭头就把这些话告诉总经理了。

总经理听了气不打一处来，说："他以为自己是谁啊，要走就走呗！"

下午，售后部主管找小贝谈话，开门见山地说："小贝，你没有负责市场销售的经验，公司不可能以你现在的酬薪请一个毫无经验的人。我听大森说，如果申请调岗不成功，你就要辞职，有没有这回事啊？"

小贝赶紧说："没有。"

可主管还是下达了"逐客令"："如果要走的话，提前一个月申请；如果想留下来公司也欢迎，但是你要想办法提升自己的能力。"

主管走后，小贝气得火冒三丈，他怎么也没想到大森会出卖自己！后来他觉得继续留在公司也没啥意义，就辞去了这份工作。

在社交中，不是所有人都可以推心置腹。就像小贝和大森，他们是朋友，但最终小贝被自己视为朋友的大森出卖了。

我们在与人推心置腹时，往往袒露的都是自己内心最深处的情感或秘密。如果对方人品低下，就会给自己带来惨重的后果——比如，你的秘密会成为对方利用你的把柄，甚至为此而出卖你。

也许你会觉得是别人出卖了你，但真正要怪的人应该是你自己——是你自己选错了人，把他当成了可以推心置腹的朋友。所以，在你没法儿看清一个人前，最好不要将心里话都说与他听。

而选对了人，你就可以畅所欲言，得到对方的安慰和帮助，并加深你们之间的感情。反过来，对方也会把心底的秘密告诉你，你们就会因此而成为知己。

你一定要找你信任的人作为倾诉对象，不要跟表里不一、暗中伤人者表露情感——这样的人往往表面上对你好，背地里却想利用你，伤害你。

张佳在一家创业公司工作了一年多，最近公司入职了一名新同事周筠。周筠比张佳大四五岁，她第一天来上班时，趁主管不在跟张佳聊起天来，她还向张佳吐槽公司环境一般，电脑设备陈旧，以及对主管的不满。

虽然周筠是新员工，但是几年前她曾跟主管在其他公司共事过，可以说是主管的老部下了。张佳知道后，心想，难怪她知道主管那么多糗事。她们俩聊天时，周筠几次强调："咱俩可是一条船上的，这些事千万别让主管知道哦！"

张佳小鸡啄米似的点头。

相处一段时间后，张佳和周筠的关系更加亲密了，下班后她们一起到餐厅吃饭，张佳还亲切地叫周筠姐姐——她不仅把自己知道的公司情况都告诉了周筠，还把自己的很多私事也告诉了她。

有一次，闲聊时周筠问起张佳的薪资情况。原本公司要求大家对薪资保密，但张佳觉得周筠为人直爽，跟自己交情不浅，就告诉她了。周筠听了惊讶地说："天呀，你这两个月天天加班，工资居然这么少，你怎么不跟领导提提涨工资的事啊？"

听周筠这么一说，张佳觉得很有道理。自己在公司这一年多来一直兢兢业业，满一年时调薪也没涨多少，如果不主动提加薪，要等到猴年马月才有机会？

所以，张佳决定下班后跟主管聊聊涨薪的事。

张佳以前段时间公司业务繁忙、自己压力大为由，跟主管申请涨工资。主管说，每年的一月份才会调整薪资，中途没法处理，随后就拒绝了张佳的请求。就在这时，周筠进来给主管送资料，正好听到他们说到涨薪的事。

周筠一反常态批评了张佳，说她不懂事，年轻人不能老想着涨工资，应该脚踏实地地做事。主管很满意，还让张佳多跟周筠学习。那一刻，张佳才反应过来：原来她们俩根本不是一条船上的，她把周筠当好朋友，可周筠把她当了上升的垫脚石。

表里不一、暗中伤人者通常在你面前会伪装得非常好，其实是想通过对你的关心，跟你拉近关系，套出你内心的隐秘情感。

这种人会先把自己的"小秘密"推心置腹地告诉你，然后希望获取你的隐私。对于这样的人，你一定要守口如瓶。

对于有恶劣习性的人，也不要深交。这种人意志薄弱，而且品质也不好。他们没有社会责任感，没有道德底线，为了一点好处他们就会出卖朋友。你把自己的隐私推心置腹地告诉他们，无疑是给自己的生活埋下了"定时炸弹"。

以自我为中心的自私自利者，也不是推心置腹的交谈对象。这样的人一切以自己的利益为出发点，很少真正顾及别人的立场与感受，你跟他们深交，最终牺牲的就是自己的利益。

对于那些心理灰暗、处事消极的悲观主义者，你也要敬而远之——这种人只能给你的生活带来负能量。他们也许不会出卖你，但也不会带给你正能量——与他们交往，你的生活不会有阳光。

由此来看，你的身边真正可以深交的人少之又少。切记：并非所有人都可以推心置腹。

▶ 保持一定的距离，过自己的"美好生活"

刺猬身上的刺是用来保护自己、防止敌人伤害的，但刺猬也有自己的"美好生活"，它们能与其他动物保持一个恰当的距离，就像是动物世界里的中立者，不去招惹谁，只过自己的好日子。

如果用这种生活方式来比喻一类人的话，那就是现实中的"好好先生"。当然，人与人之间的交往没有动物之间那么简单——因为我们既要做好自己的事情，又要做得让他人满意。但是，从刺猬的身上我们可以懂得：与他人保持恰当的距离是绝对有益的。

人际交往中，保持适当的距离也是一门学问。通常而言，对方踏入以你为圆心、半径3米的范围之内，就算是踏入自己的隐私区了。

因此，在单独与别人交往时，大家只有在确认了对方对自己友好的情况下，才能同意与他近距离接触。要明白，与对方保持一定的距离是对他的尊重，也是保持自身良好形象的一种表现。

李封凭专业知识做了经理的助理，因此，业务上他免不了要出去应酬。但是，他的酒量不太好，以前也没怎么参加过应酬，于是每天一下班便匆匆离开公司，生怕领导有什么应酬拽上他。

时间长了，同事们难免拿李封开玩笑，说他每天来无影去无踪。正巧，经理也听见了，就把他叫到办公室，对他说："小李，你做经理助理也有好几个月了，也没见你参加过什么应酬——这可不行，跟客户吃饭也是我们的工作范围。正好今天有一个应酬，是陪一位大客户吃饭，你可不能再缺席了。"

李封只能答应下来。

下班后，李封跟着经理来到了酒店。席间，大家聊得很开心，经理起身劝酒，让大家尽情地喝。大家都喝了不少，李封自然也有了几分醉意，但他还能站稳。

接着，经理提议去 K 歌，李封就负责打车把大家带到了附近的KTV。在 KTV 里，经理又点了不少酒，说："大家今天一定要喝得尽兴，不然都不能走。"说完，他便看了李封一眼，顺手递给他一瓶啤酒，"酒场如战场啊，我们就该陪客人喝得尽兴，你也是，放开点。"

经理揽着李封的肩膀，劝他喝下了那一瓶啤酒。大家看李封还挺能喝，便都上来劝酒。正李封一时脑热，便都应了下来，直到喝得晕乎乎的什么也不知道了。

第二天一早，李封发现自己躺在一间宾馆里。上班后，他问过同事后才知道自己昨晚喝得烂醉如泥，还抱着经理称兄道弟，后来被经理派人送到了宾馆。

几天后，经理找李封谈话："小李，我们这个部门难免会外出应酬，而你也不太会应酬。我已经跟人事部说了，你还是去售后服务部工作一段时间看看吧。"

李封一听，知道自己喝醉后犯的错误已经无法补救了，只能去售后服务部报到。

跟上司在一起时，不管是什么场合，都该保持一定的距离——毕竟是上司，你只能敬而畏之。如果跟上司称兄道弟，难免会被别人笑话，而且上司的心里也不会舒服——就算你们私交再好，在他人面前，你也该做到公私分明。

其实，我们都应该学会如何跟领导打交道。

首先，要有上下级观念。就算领导对你再好，你也要明白自己必须与领导保持一定的距离。

其次，不能有越位的想法。领导看好你是因为你踏实肯干，但如果你有越位的想法，那么，领导就会觉得自己受到了威胁，必然会把你压制下去。因此，聪明的人从来不会抬高自己，而是会抬高领导，并且与领导保持一定的距离。

有时，领导可能会放下身段跟我们开玩笑，但是作为下属，你不应该忘了自己的身份。如果我们因为领导开玩笑而放肆起来，那么，这种愉快、和谐的气氛就不会持续很久。

总之，不管面对谁，都要与对方保持一定的距离。因为，有距离才能让你安全地立足于这个社会，惬意地享受人生。

▶ 得意忘形只会招来恶果

有位企业家曾说过："当你经过千辛万苦使你的产品打开市场的时候，你最多只能高兴 5 分钟，因为你若不努力，第 6 分钟就会有人赶上你，甚至超过你。"

这句话告诫我们，一时的成绩不代表永久的成功，如果得意忘形，一味张扬、炫耀，只会带来负面效应。所以，无论你有多高兴，都应该适可而止。

相信大家都听过特洛伊木马的故事：

在特洛伊人与入侵者希腊联军的战役中，双方均有胜负。后来，有人给希腊联军献计，佯装撤退之势，只将一匹大木马留在城外，但在马腹内藏了一些精干武士，其余主力军皆隐藏于附近。

特洛伊人看见希腊大军浩浩荡荡地撤退了，还真以为敌人会就此罢手，于是将木马拖入城内当作胜利的果实。

但让特洛伊人乐极生悲的事情随之发生了。就在他们享受胜利的宴会时，木马中的希腊军士全都跳了出来，悄悄打开城门，跟城外的

103

主力部队里应外合，将特洛伊人灭亡了。

在取得阶段性胜利或成功时，喜不自禁、忘乎所以，这是人类最普遍的弱点。而不能抑制这种骄傲自满的情绪，是造成失败的原因之一。

举例来说，当上司提升或嘉奖你的时候，你肯定会感到得意。这当然无可厚非，但是要记住：得意之余，不能忘形。如果你因为得到一点荣誉就翘起尾巴，不知道自己是谁了，你就会因此而止步不前。这就很危险了。

在你成功的同时，要记得告诫自己：与自己的职业规划相比，这只不过是微乎其微的一点小成绩，所以不能高兴得太早，还需要继续努力。

邻居张叔的儿子大兵年后拿下了司法考试，张叔请几个相熟的邻居到饭店吃饭，一来是为儿子庆祝，二来是想让大家帮忙给儿子介绍个对象。

饭桌上，张叔笑得合不拢嘴，连声夸赞自己的儿子："我们家大兵就是聪明，这司法考试随便一考就过了，不像有的孩子，考好几次都考不过啊！"

邻居们听着也跟着附和，夸张叔儿子优秀。张叔喜不自胜，这时端起酒杯，对旁边的邻居大禹说："大兵只比你小两岁，你们单位有没有适龄的姑娘帮忙给介绍介绍，我们要求也不高，跟你媳妇一样就行。"

　　大禹本来挺乐意帮忙的，可听张叔这么一说，他心里就不大痛快了，心想："要求不高？那你这意思是，我千辛万苦追来的女神不好啊？你这是贬低我，还是贬低我老婆呢？"

　　于是，大禹故作深沉地说："张叔，这事可没法儿办，我老婆这条件可高了，不好找。"

　　张叔自知说错话了，打了个哈哈这事也就过去了，想让大禹帮忙介绍对象的事也告吹了。

　　你的得意忘形会对他人的尊严产生挑战，对方对你的排斥心理乃至敌意也就不自觉地产生了，这就要求我们做人要学会"心张扬而神不张扬"。

　　聪明人在得意时总不会高兴得太早，因为他们明白，一味地醉心于取得的一点成绩，很快就会被别人击败。而得意忘形后，危机感就会取而代之。

　　事实上，危机无处不在，无时不在。当你在某一领域取得了一定成绩的时候，你无须过分重视，因为成绩已经成了历史。你的影子也不必留恋——哪怕它很辉煌，只不过是虚无的影子而已。要知道，如果你对影子恋恋不舍，你就背离了太阳。

　　得意的时候要谦逊，这样你才会因此而获得内心的平静。

▶ 隐藏自己的实力，避免成为靶子的中心

老子说："良贾深藏若虚，君子盛德，容貌若愚。"意思是：一个了不起的商人，外表看起来好像一无所有；一个有修养的君子，外表看起来好像愚蠢、迟钝。这才是真正有心计的人，因为他们知道隐藏实力，避免让自己成为他人的靶子。

你可能才华横溢，并且因此而骄傲、张扬，锋芒毕露，但是你要清楚，社会上的人际关系还是比较复杂的——时时处处要应付形形色色不同性格、层次的人。对此，你就要学会巧妙地隐藏自己的实力。

有人说曾国藩之所以功成名就，就是因为深谙藏锋不露之道。曾国藩从小受到家风的影响，性格倔强，这是一种优势，但也会带来不良后果。初入仕途，他本着为民请命、扭转危局的目的，采取了较为激烈的做法。

咸丰帝继位后，曾国藩趁新皇帝治国心切，连上四道奏折，陈述天下弊政，请求革旧立新。皇帝未予重视，他竟在朝堂上当面指责皇帝，并因此差点受到严惩。

带兵以后，曾国藩无实权，而为求办事速效，他又与地方官员发生了激烈的矛盾。他为朝廷卖命的冲劲儿和惊人的能量甚至引起了皇帝的猜忌，最后的结果是，他被迫居家守丧。

一年后，由于胡林翼的活动和推荐，曾国藩才得以再次出山。经此挫折，他领悟了许多处世谋略，性格也发生了很大转变。

曾国藩早年锋芒太露，为当权者所忌，他们对咸丰帝说："曾国藩不过一匹夫，一旦乡举兵，应者云集，实在可怕。"再加上他气势逼人，也激化了同其他官员的矛盾。而自从被朝廷外放以后，他深切感受到了"外吏之难，盖十倍于京辇"这句话的含义。经过几次挫折以后，他也学着装糊涂了。

郑板桥在家里题写了"难得糊涂"四个字，还说"聪明难，糊涂尤难，由聪明转入糊涂更难"。

聪明人多自以为是，往往乐于显露；而糊涂则要求人佯装不知。所谓的糊涂，并非浑浑噩噩，而是隐藏聪明的策略——这已经被人们总结成了为人处世的智慧。

懂得隐藏，懂得退让，才能保证自己的安全。而那些恃才傲物的人，通常很难有好下场。

唐傲毕业于名牌大学，有着过硬的管理才能和游刃有余的公关能力，但他也有缺点——争强好胜且易冲动，这给他的职业生涯带来了不少麻烦。

唐傲一毕业就被一家中型合资企业相中，负责公司的宣传工作。当时，他想把握住机遇，好好干出一番事业来。

初入职场的唐傲，才华展露，写出来的方案颇受老总的欣赏，曾多次被老总当众夸奖。但半年后，跟他一同进公司的两位同事都升职了，他还在原地踏步，于是他心理不平衡了，还因此迁怒于人事部经理，跟对方吵了一架。

与人事部经理发生冲突后，唐傲被老总叫去谈话。老总意味深长地对他说："小唐，请你给我一个机会，让我了解你，认识你，之后才能决定你的岗位。"老总想再观察他半年，把公关部经理的位置留给他做。

年终调整薪资，唐傲的工资翻了将近一倍。可是，这一喜讯没让他高兴多久，他又开始心理不平衡了。因为，跟他一同进公司的同事又有了新变化——要么升职，要么外调别的部门，而他还是处于起跑阶段。

唐傲觉得再这样等下去没结果，于是渐渐地露出了他任性的一面。有一次，公司通知他在休息日加班，他觉得不公平，便断然拒绝了要求。这让老总极为尴尬，于是也没什么耐心再考验他了，从此将他打入了"冷宫"。

最后，唐傲也自觉无趣，只好辞职走人。

初入职场的年轻人往往急于显露自己的才能和实力，表现得锋芒毕露、急于求成——凡事都要争个"先手"，有时动不动还要"抢跑"。

但这必然会过早地卷入竞争中，也会在办公室规则下显得被动，最终落个英雄无用武之地的下场。

其实，在社会中，我们不仅要锻炼技能，还要修炼个性。

▶ 初入职场，聊天不要大谈特谈

在工作中真正懂得表现自己的人，通常是既表现了自己，又不会被人察觉。他们不会以自我为中心，不会自顾自地在那里大谈特谈，而是能给人一种"参与感"。

与同事交谈时，他们喜欢用"我们"，不喜欢用"我"，因为"我"给人一种距离感，而"我们"更有亲和力——不仅在无形中会把其他同事拉到同一阵营中，还可以按照自己的意图影响他人。

"枪打出头鸟""木秀于林，风必摧之"，这两句话告诉我们，一个人喜欢出风头不是一件好事——我们只有随时保持谦虚、低调的态度，才能让自己离成功越来越近。

因此，在工作的头三年里，我们要学会不露声色地让别人注意到自己，这也是大家所说的"低调地卖弄"。

张栋是一家合资公司的职员，他工作积极主动，待人热情大方，深受同事们的欢迎。可是，突然有一天，一个不经意的小举动让他在同事眼里的形象一落千丈。

这天，大家在会议室等着经理来开会。一位同事觉得地板有点脏，于是开始打扫起来。

张栋一直站在窗台边看风景，突然，他听到了会议室外面的脚步声，立刻走到拖地的同事面前说要帮忙。可是，这时地已经快拖完了，不过在他执意的要求下，同事也没多想就把拖把递给了他。

张栋刚接过拖把，经理便推门而入，正好看到了他在拖地的举动。

一切不言而喻。大家突然觉得张栋十分虚伪，纷纷不愿再跟他交往了。

人们喜欢表现自己，这是一种本性，也是正常行为，就像极乐鸟类喜欢炫耀漂亮的羽毛一样。但是，如果不分场合地表现自己，就会让人觉得虚伪、做作，最终的效果往往适得其反。

在谈话的时候，很多人不管是否以自我为中心，老是爱表现自己——这种人会让人觉得轻浮、傲慢，最终对方会对他们产生排斥感和不快。

在与人交往的过程中，我们都希望得到别人的尊重和赞赏。法国哲学家罗西法古曾说过："如果你要得到仇人，就表现得比你的朋友优越；如果你要得到朋友，就要让你的朋友表现得比你优越。"

这里再重复一下重点：当你的表现让朋友觉得他比你优越时，他就会有一种被肯定的感觉；而当你的表现比朋友优秀时，他就会反感，甚至产生敌对情绪。

因为，每个人都会在无意识的情况下本能地维护自己的尊严和形象——如果有人让他感到自卑，那么，无形中他就会对那个人产生一种排斥心理，严重的还会产生敌意。

在职场中，即便你真的比同事强，也要给他人应有的尊重。学会与同事相处的技巧，这样他们也就不会对你产生反感，同时也会慢慢地认可你的能力。同时，你还要懂得适当地暴露自己的劣势，以此减轻嫉妒者的心理压力，从而淡化矛盾或冲突。

李静是一名刚从师范大学毕业进入中学教书的新教师，她对最新的教育理论颇有研究，讲课也寓教于乐，形象生动，很受学生们的欢迎。

这引起了一些任教多年，却缺乏最新教育理论研究的老教师的嫉妒，开始在李静背后指指点点。

为了改变现状，李静故意在这些同事和老前辈的面前放低姿态，并且很谦虚地向他们请教和学习。这样一来，李静有效地拉近了自己与同事的距离，也就消除了他们的敌视心态。

平易近人、低调谦和的人总能结交到许多好朋友，而那些自私自大、自以为是的人，在交往中往往往会让人反感，到处碰壁。

职场中有这样一类人，他们十分机智，有很强的工作能力，但是他们锋芒太露，会让别人敬而远之。他们太喜欢表现自己了，总想让所有人知道他们很厉害，以此获得他人的敬佩和认可，结果只能事与愿违。

做人要低调，要谦虚——越是这样，别人越是喜欢；反之，越是孤傲、自大，别人越会瞧不起。因此，平时你一定要谦逊待人，这样才会得到别人的支持，为你事业的成功奠定基础。

当你以谦逊的态度来表达观点或做事时，就能减少一些冲突，还容易被他人接受——即使你发现自己有错，也很少会出现难堪的局面。

不管怎么说，作为职场新人的你一定要学会低调做人。

▶ 注意你的言行，防止触碰到他人的利益

在职场中，注意自己的言谈举止很重要，不能过分地张扬个性。如果你的言谈举止触犯到了对方的利益，对方一定会想方设法地进行报复，这样你就很可能成为对方的靶子。

做人做事要言行平和，这样就不会导致别人对你产生敌意。如果你经常感情用事，说话很随便，因为一点成绩就得意忘形，这会给你

带来交际阻碍。因为，当你的言行超出别人的容忍度，他必定会找各种机会给你穿小鞋，甚至非斥你打击你。

王玫研究生毕业后，凭实力应聘进了一家公司，一开始只是一名小职员。

公司办公区有个不大不小的休息室，那是员工吃午饭、喝茶谈事的场所，也是休息时床聊的地方——很多闲话都是从这里传出来的。

有一次，王玫去休息室冲咖啡，正好遇到两位同事在闲聊。她们看到王玫进来了，也把她拉进了闲聊的话题。

一位同事说："你们知道吗，听说咱们经理是胡总的情人，那次胡总来咱们部门视察时，他俩的眼神可暧昧了。"

另一位同事也说："就是就是。那次胡总一进经理的办公室，经理就把百叶窗拉上了，两人不知道在里面干了什么。"

这时，王玫插话道："听说经理只有高中文凭。我们这些本科生、研究生还不如一名高中生——经理的能力实在不敢恭维。"

说完这句话后，王玫就有点后悔了。因为，这两位同事进公司很久了，她们说什么自然没事。可是，自己说的话会不会被她们传出去那就不一定了。

想到这儿，王玫紧张地离开了休息室。

没几天，王玫就被公司辞退了，原因是那两位同事告了黑状——她们把自己说的闲话都推到王玫身上，并说给经理听了。因为她们怕王玫把她们说的闲话传出去，就先下手了。

王玫知道真相后，后悔不已——正因她言行不当，才导致被别人当了靶子。

在职场中，注意言谈举止就是要知道哪些话该说，哪些话不该说；哪些事该做，哪些事不该做。所以，在什么样的人面前就该说什么话、做什么事——什么都要经过思考，然后做到谨言慎行。

相反，如果你没有注意自己的言谈举止，很可能会因为一个很小的细节就被别人利用，甚至成为别人攻击的靶子。有能力、有才华是好事，但如果你不懂得收敛，不懂得隐忍，也很难在职场中立足，甚至会给你招来灾祸。

不管一个人多么有权有势，只要他过分张扬，狂妄自大，傲慢无礼，就不会有好下场。因此，只有谨言慎行，才能叱咤职场。

你需要练就自控力。因为，懂得自控的人才不会轻易受到情绪的制约，不会在冲动之下做出害人害己的事。就算面对不喜欢的人或事，你也不要轻易表露出情绪。你不必强迫自己喜欢对方，但要礼貌地对待对方。

在职场中，如果你不在乎别人的感受，无所顾忌，随心所欲，就会成为众矢之的。切记：学会收敛个性，学会谨言慎行。

柳莹是一家公司策划部的副经理，她能力很强，业绩突出，长得也漂亮，同时多才多艺，但在公司里很不受欢迎。

刚进公司的时候，柳莹凭借自己出色的专业能力，经常能给上司提出很好的建议。再加上她工作努力，同事对她的评价都不错。

在年底的公司联欢会上，柳莹能歌善舞，非常活跃。同事们分组上台去唱歌，她就去抢风头，吸引了大部分男同事的目光。

工作闲暇之际，女同事们总喜欢谈论一些穿着打扮的事情，而柳莹这时总会无所顾忌地指出某某女同事的不足之处。渐渐地，很多同事就开始讨厌她了。

柳莹在公司工作了三年，竟然没有建立起自己的人脉网，公司的新老员工都在明显地孤立她。最后，因为争强好胜，她多次在工作中出问题，而上司在多次劝告她无效后，就让她另谋高就。

在职场中，跟他人交往要懂得收敛锋芒，不要认为自己最优秀，不要随心所欲地想说什么就说什么，想干什么就干什么。你要多站在对方的角度思考问题。这样才能了解对方的真正意图，让自己避免被孤立，或者成为大家的眼中钉。

有些话、有些事，就让给别人去说和做；有些风头或功劳，就让给别人去抢。这样的你，才是一个有格局的人。

总之，你要隐藏锐气，谨言慎行，才能生活和工作平顺。做一个成熟而有城府的人，你的路就会好走很多。

人多嘴杂的场合，你一定要远离，或者保持距离。听闲话，说闲话，最终你会落闲话；不说闲话，不掺和闲话，麻烦事就不会找上你。

在与比你地位高的人交往时，一定要谦卑。不要违背对方的意思，而要顺着他，这样你才能免于与他产生矛盾或冲突。

此外，你也不要把心里话说给关系一般的人听，否则当你在与对方有了利益冲突的时候，他会利用你的心理弱点明里暗里地打击你。

言谈举止决定你的职场生涯，你要尽量注意避免因为言行问题伤害别人，导致交际失败。

Part 6:

你若太看重面子，生活将成一团乱麻

为了一个好印象，什么都能答应吗？

虚荣与面子，永远是一对"好兄弟"

爱面子要有度，否则只会成累赘

你有多少能耐能把任何事情都搞定？

谁都有缺陷，不必为了面子追求完美

有些"丑话"就得说在前面

聊天时，不可碰触他人的"污点"

▶ 为了一个好印象，什么都能答应吗？

"人要脸，树要皮"，这句话我们一点都不陌生，尤其是对很多男性而言，有时候为了面子他们会在朋友面前摆出一副这样的姿态："没问题，你的事就是我的事！""这事交给我，肯定能办好！"

为了给朋友留下好印象，"拒绝"似乎成了我们人生字典里从不会出现的词。为朋友两肋插刀，这当然让人敬佩，可是如果自己明明没有那份实力，却依旧对朋友的期望有求必应，这是成熟的行为吗？

先看下面这个故事吧：

孙皓从小就爱面子，不管别人有什么事找他帮忙，他都会答应，似乎这样能显得自己有本事。几年前，他的朋友赵磊开了一家商贸公司，后来生意越做越大，就决定与一家经常去的酒店商谈，希望这家酒店可以降低收费标准，作为自己固定的招待场所。

赵磊记得孙皓正好在这家酒店工作，于是找到了他这个老朋友帮忙。然而，赵磊不知道的是，早在年初，孙皓因为与领导出现摩擦早已离开了这家酒店。

不过，看到老朋友为这事专门宴请自己，加上喝了点酒，孙皓拍着胸脯夸下海口说："老兄，你的事就是我的事，我一定给你办好！"

"兄弟，这事我不勉强你。我的公司是新公司，谈判的主动权不多，实在不好做，你可别难为自己，大不了再想其他办法！"

听到赵磊这么说，孙皓反而更加觉得要维护自己的形象了："看你说的，我怎么也是这家酒店的中层，这事你就放心吧！"

过后，孙皓开始忙碌起这事来，但结果可想而知：一个已经离职的员工，并且与领导产生过争执，怎么可能还跟原单位密切合作呢？一转眼半个月就过去了，但孙皓这边毫无进展。

这天，赵磊给孙皓打来电话，并再次强调：如果不好办就算了。

孙皓意识到，如果这时候放弃，自己无疑丢了面子。但是，下一步该如何去做呢？没过两天事情有了转机，一位老同事告诉孙皓：酒店可以与赵磊签约，但不是总经理出面，而是他本人。因为，赵磊只是小客户，不值得总经理亲自来签约。

听到这个消息，孙皓异常兴奋，立刻通知了赵磊。

几天后，赵磊与孙皓的那位老同事签了合同，并交了一年的服务费。当天晚上，赵磊邀请众多朋友聚会，并多次赞扬孙皓办事稳妥。直到这时，孙皓依旧没有告诉赵磊他早已离开了那家酒店。

然而，让孙皓没想到的是，一盆冷水却从天而降——第三天，当他与客户去那家酒店消费时，却得知酒店并未与他签约！

在总经理室为，他得到了这样的答复："我们酒店有明确规定，对于企业客户必须由总经理亲自签合同，所以你的这份合同是假的。

并且，与你签约的那个人，上个月刚刚辞职。还有孙皓，他已经离职半年多了，根本不是我们酒店的员工！"

赵磊一下子蒙了，他急忙联系孙皓的那位老同事，却发现早已失联。一怒之下，他将孙皓找来要个说法，要不就去法院。

一向爱笑的孙皓，这时再也笑不出来了，苦果只能自己咽下去。

你的身边有像孙皓这样的人吗？为了让朋友高看自己，面对任何请求，他都会不假思索地拍胸脯答应，却根本不会想一想：自己是否能解决问题？如果解决不了，该怎么妥善补救？

为了给朋友留下好印象，硬着头皮答应对方的请求，但随后丢失了自己的信誉，这真是得不偿失。

那么，拒绝真的有那么难吗？当然不。

相反，如果你第一时间告诉朋友自己的现状，说自己对于这事帮不了忙，那么对方又怎会平白无故地受到损失呢？

办不到，只是因为能力不足。但办不到也不去拒绝，那么只能给朋友留下坏印象：人品有问题！

每个人都想让自己形象高大起来，这是人之常情。但是，凡事过犹不及，不然自我形象保不住不说，还会给自己带来难堪的局面。所以，面对朋友提出的一些无法做到的要求时，自己与其死要面子胡乱答应，倒不如说明情况婉言拒绝——这样反而会让朋友更加理解你的难处，钦佩你的为人。

当然，在拒绝的方式上，我们不妨下点功夫：

首先，给对方提一些建议。在拒绝朋友的同时，如果我们能够给对方一些建议，那么就会冲淡有可能产生的不愉快。

例如，你可以说："对于这份设计方案，这几天我的确脱不开身，实在没办法帮到你。但是，我知道有一份资料也许能够帮上你的忙……"这样，对方不仅会接受你的拒绝，还会因为你的建议而对你产生感激之情。

其次，拒绝别太生硬，让对方理解你的苦衷。

拒绝别人时，最忌讳用冷冰冰、机械化的口气说"不"——这样做会伤害对方的感情，甚至让他嫉恨你。所以，我们要按捺住内心的冲动，用一种较为和缓的语气婉拒对方。

例如，一位朋友有个项目要做，这个项目下周就要公开招标了，知道你跟对方很熟悉，想找你帮忙约对方周末一起坐坐。你知道朋友公司的整体实力达不到这个项目的签约标准，就应该用无奈的语气说："哥们儿，真是不好意思，虽然我很想帮你的忙，可是现在我正被一项新工作搞得手忙脚乱的，近期真没时间，明天还要出差呢，所以你看……"

与此同时，你最好配合一定的手势和表情，将那种心境体现得更加淋漓尽致。这样一来，朋友即便再想麻烦你，也会不得不选择放弃。

▶ 虚荣与面子，永远是一对"好兄弟"

虚荣与面子总是息息相关。

一个人只要有追求荣誉的欲望，就不可能没有虚荣心。但是，对爱面子的人来说，虚荣心是一种扭曲了的自尊心，而爱面子是一种保护虚荣心的表现。他们将自我满足的心理和情绪寄托在荣誉和他人的注意力上，整天活在自欺欺人之中。

有段时间，侄女筱筱闹着要退学，说其他同学欺负她，不跟她一起玩。表姐听了很纳闷，怀疑筱筱遭到了校园暴力，就找班主任了解情况。结果班主任说，筱筱不受欢迎是因为她爱吹牛。

有一次，老师教大家认识世界著名的建筑物，投影仪播放出自由女神像、比萨斜塔的图片时，筱筱说自己去过那里。老师信以为真，让筱筱给大家讲讲旅游的经历，她却说不上来。

类似的事情还有很多，比如筱筱说自己已经移民了，还说舅舅在哈佛大学当教授。一开始大家还相信，可很快就发现了破绽。八九岁的孩子远比大人想象的聪明，筱筱越是自夸，同学们就越爱揭穿她、嘲笑她，还给她取了一个"说谎大王"的绰号。

表姐得知真相后都快崩溃了，她不明白筱筱怎么会这么爱虚荣。

其实，虚荣心人皆有之。随着人们生活水平的提高，不但成年人，就是许多未成年的学生的虚荣心也在不断地膨胀，好像什么都满足不了他们的欲望。比如，有同学过生日，大家送礼物时要看自家的经济能力能否承受得起，而有的学生为了避免人家说他小气，就"打肿脸皮充胖子"送贵重礼物。

爱慕虚荣的人，为人总是突出自我，急功近利；待人总是装腔作势，缺乏真情实感。为了获得他人的羡慕与恭维，满足自己的心理需求，他们往往会不惜一切手段地去捞取荣誉，特别是有些年轻人的婚恋择偶观已经畸变，就是要求"高富帅""白富美"。

一个挺漂亮的女大学生，通过网络认识了一个比她大六七岁的男士。

此男士穿戴的都是名牌，自称毕业于名牌院校，父亲是企业家，自己也有一家公司。女大学生很快倾心于他。

交往了一个月后，此男士提出要带女孩子去见自己的父母，于是当天她就在取款机上取了近万元，准备跟他一起去买礼物。

此男士拿到钱后，逛商场的时候说要去趟卫生间，但是一去不返了。

心理学家说，虚荣是使人走向歧途的兴奋剂，因为它能燃起一个人的邪念，使他失去理智的控制，最后导致终生的遗憾。

那些太爱面子的人，谈吐、行为无一不清楚地展现出虚荣的气息，于是，骗子往往能从他们身上打开突破口。

一般来说，虚荣心强的人缺乏自知之明，会高估自己。一旦自己在某方面不优秀或比不上他人，他们就会用虚假的东西来掩饰。可是，这正好就让骗子钻了空子——有些美女在虚荣心的支配下向"大款"看齐，结果往往被对方骗财骗色，真是可悲可叹。

时代越发展，一些人的虚荣心越膨胀，表现也越多样。有的男人太爱面子，只会无休止地攀比他人，久而久之就会精神崩溃。因为，死要面子会混淆你的思维判断能力，让自己走进自己挖的陷阱中。

因此，那些太爱面子的女人，不妨收起你的奢侈品衣服和包包吧，拿着它们上班、逛街绝不是一件多么值得炫耀的事情；男人也要改变自己爱吹牛的习惯，不要用这种方式来显示自己的强大。

如果你真的爱面子，那么就应该立下大志，通过奋斗创造属于自己的荣誉——这才是最大的光荣。你取得了令人羡慕的成就，哪里还用得着虚荣心？

爱面子要有度，否则只会成累赘

　　"爱面子"是人的一种重要和典型的社会心理现象，有些人非常爱面子，而且已经到了让人受不了的程度——这就是问题了。

　　现代作家林语堂指出，对很多中国人来讲，面子比其他世俗的财产都宝贵，它比命运和恩惠还要有力量。

　　中国人的确讲究面子，比如说，甲跟乙借 5000 元，尽管乙最近手头也不宽裕，但依然会爽快地答应，因为说实话会丢面子。

　　爱面子无可厚非，但要有个度——有的人就过度了，他们往往因为要面子而使自己受尽了委屈，这就是死要面子活受罪——这是一种高成本、低回报的投资，往往会让人得不偿失。说穿了，这不是为自己而活，而是为他人而活。

　　如今，"死要面子"这一人性的弱点还在不同程度地上演着。但是，这虽然能成全一个人的虚荣，也能因此毁了一个人的人生。

　　看看，如今死要面子的人大有人在，而且不在少数。例如，正在谈恋爱的小伙子，往往喜欢在女友面前摆阔，即使借贷也要装成有钱人；有的学生顾忌面子，过生日伸手跟家长要钱，然后吃喝玩乐一条

125

龙。这样的反面教材比比皆是，我们要引以为戒。

李昊是工薪族，可是因为生性豪爽、要面子，有人缺钱或急用钱总是第一个找他借。因此，他手里的钱总是以奉献为先——哪怕手头紧，他就是去找别人借钱，也要满足朋友的要求。

刚结婚时，妻子有一份薪水丰厚的工作，所以并没有过度限制李昊的开支。可婚后不久，随着孩子的出生，这对"月光族"才开始想到攒钱了。此时，因为孩子花销大，再加上妻子要照料孩子辞去了工作，仅靠李昊的工资也未免捉襟见肘。

这个月底，李昊的同学登门拜访，寒暄一阵后提出了借钱的请求。

妻子坦言他们最近手头也不宽裕，可没想到李昊当即斥责了她，说她是个小肚鸡肠的女人，懊悔自己当初怎么会跟她这种人在一起。随后，他痛快地答应了同学的请求。

同学离开后，妻子对李昊说："你天天要面子，这个同学找你借钱，你借；那个一般朋友找你借钱，你也借——你不就是害怕自己在别人面前抬不起头吗？刚才你当着外人的面羞辱我，你以为你维护了自己的面子，其实你恰恰丢了面子！"

妻子的一席话让李昊恍然大悟：他当着同学的面轻贱妻子，不就是对妻子和自己的不尊重吗？这样的自己又怎么会得到他人的尊重呢？

爱面子会让你活得很累，一不小心会把你引入深渊，甚至会破坏家庭的幸福。可见，投资面子得不偿失。

俗话说："面子无底价，是宝也是草。"很多人觉得面子等于自尊，它会给自己造成麻烦。面子固然重要，但我们不必为了无意义的面子折腾自己，让自己受苦、遭罪。所以，顺其自然最可贵。

其实，面子就是虚荣心的表现。为人处世，虽然没面子会受人歧视，可是太爱面子容易吃哑巴亏。因此，我们应该客观地看待面子问题，在要面子的同时，也要过正常、健康的人生。

▶ 你有多少能耐能把任何事情都搞定？

"哥们，能帮我一个忙吗？你听我说，这事有点复杂……来，咱们到那边没人的地方去说……"生活中，我们一定听朋友说过类似这样的话。当我们继续听下去，多数时候会发现：这件事有风险，否则对方不会搞得如此神秘。

为了自己的安危，同时也是提醒朋友，多数情况下，我们都会选择拒绝。但是，对方一意孤行，有些人最后还是被他说服了。结果你一语中的，最后出了问题他还会再次找到你，让你帮他收拾烂摊子。

面对这种请求，我们该怎么办呢？

不帮他，你会被看作不讲义气、不够朋友。帮他吧，你又会惹火上身，给自己添麻烦——尽管如此，大多数人最后还是会选择硬着头皮去帮他。

可是，你是否想过：你总是这么帮对方，其实是在降低自己的信誉成分，甚至还需要承担风险。

同事黄娇家庭条件好，父母经营着一家效益不错的公司，所以她觉得结婚对象可以没有多少钱，但是一定要爱她、尊重她。后来经朋友介绍，她认识了现在的老公吴磊。

两个人熟悉一段时间后，黄娇对吴磊挺满意的，虽然他出生在农村，但是很有上进心，工作也稳定，关键他是真心喜欢她，所以两个人就确定了恋爱关系。去年他们登记结婚，一起在城里按揭买了婚房。平时小两口在城市工作与生活，只有小长假才回婆家，公婆对黄娇也很好，她经常在朋友圈晒幸福。

可是结婚半年后，黄娇就不太开心了。原来，吴磊是他们家族最有出息的，大学毕业后找了份稳定的工作，还在城里买了房子，不少亲戚都挺羡慕他们的。这不，两人还没过多久二人世界，大伯就打来电话，说堂哥要到城里找工作，想在他们家住一段时间。吴磊二话没说，立马答应了。

堂哥来了以后，婆婆还特别打电话叮嘱黄娇，一定要热情招待，不能失礼。可是，由于堂哥的生活习惯很随便，比如他不随手冲马桶，挤完牙膏不拧好盖子，这些生活细节让黄娇挺反感的。

堂哥在他们家住了两个多月才走，可他这刚走没几天，吴磊的姑姑又打来电话，说女儿今年刚毕业，正愁找不着工作呢，想让他找朋友帮忙给安排一下。

吴磊又一口答应了：事后他才发现，表妹学的是会计，他根本不认识这方面的朋友，没法儿给安排工作。黄娇建议表妹先投简历去面试，表妹嘴上说着谢谢，背后却跟父母说，黄娇夫妻俩不想帮忙。最后事没办成，还落下人家一肚子的埋怨。

吴磊就是个爱面子的人，面对别人提出的请求，不管能不能办到他都会一口答应，就像小品《有事您说话》里的郭冬临，宁可自己排一夜的队买火车票，也不肯承认自己没本事。

黄娇和吴磊谈了几次，但是都不奏效。后来她给婆婆打了通电话，说出了实情，婆婆知道了儿子的难处，也不再张罗着替亲戚办事了。虽然这样得罪了一些亲戚，但黄娇夫妻俩的生活总算步入了正轨。

亲友之间互相帮忙，这本身无可厚非。但是，凡事都有度——如果自己没有能力，但死要面子为亲朋办事，那么，吃亏、不讨好的人就是你。所以，我们必须学会拒绝朋友的过分要求，尤其是涉及底线的事情，绝对不能突破。

首先，我们要明确地告诉朋友，自己的底线是什么。

朋友因为各种原因需要我们帮忙，我们就应该跟他说明：哪些事情自己责无旁贷地会帮忙，哪些事情自己不会去做。

例如，朋友让你处理一些表格工作，你可以跟他说："我能做的是帮你将文本格式、内容整理好，但是具体的数据资料我不会做。一来，这些内容涉及你的工作核心，我并不了解；二来，如果领导知道这是别人帮你完成的，你一定会受到批评。"

如果你的朋友懂礼貌、识大体，相信这样一说，他就会欣然接受你的提议。

其次，陈述原因后，如果朋友依然执迷不悟，就直接拒绝。

比如，朋友依旧要求你帮他收拾烂摊子，这时你不要再被其他因素所困扰，而是应当直言相告："我不是你的保姆，而且当时事因我也不清楚，所以不会为你闯下的祸端负任何责任。如果你真的拿我当朋友，就不应该把我向火坑里推。"

这样拒绝尽管听起来有些不近人情，可这正是我们的底线。并且，如果你的朋友真的与你交心，那么他就会收回要求，向你道歉。这时候，我们不妨安慰他一下，然后帮他找一些解决问题的方法。

▶ 谁都有缺陷，不必为了面子追求完美

我们都希望自己是完美的，总是怕别人看出自己的缺点——那样会让自己很没面子。其实，金无足赤，人无完人。对人对事要求过高，

刻意追求完美，就会成为人生烦恼、忧愁的根源。

南怀瑾先生认为，人有一点缺陷并非坏事，因为有缺陷才能够促使其更加努力，逐渐也趋近于完美。的确，生命像是一部乐章，高低起伏才更显得生动和鲜活，所以生活的真相是"不如意事十之八九"。

世间没有真正完美的事物，一味地追求完美也是一种不完美。可能有人会说：我为事业付出了自己全部的精力，最终升了职加了薪，达到了自己的目的，这不是一种完美吗？

更多的时候，一味地追求所谓的"完美"，只是人们心中美丽的错觉。你要知道：世事的发展都是相对的，即使这一面看似达到完美了，另一面也难免会有缺陷。

这就像许多爱岗敬业的职员，他们一味地在事业上追求完美，付出了自己全部的精力和时间，也得到了一些回报，然而在另一方面，他们却因此忽略了家庭的和睦与自己的健康状况。对事业来说，他们可能已经做到了极致，但对家庭和健康来说是不完美的。

不可否认，追求完美是人的一种天性，这并没什么不好。人类也正是在追求完美的过程中不断地完善着自己，创造着五彩缤纷的世界。

如果真的只因一点点缺憾或者不足便顽固追寻，耿耿于怀，那样就失去了一个适度的平衡，也是自寻烦恼。因为，世界上根本就不存在百分百的完美，我们所谓的"完美"只是一个极具诱惑力的口号，一个漂亮的陷阱。

任何事物都有一定的缺陷，只有放宽心，才能促使自己更加努力，就像南怀瑾先生所说的一样："（生活）必须要带一点病态，必须要带一些不如意，总要留一些缺陷，才能够促使他更加努力。"这样才更容易实现人生的成功。

大草原上有一头雄壮的狮子叫辛巴，它从小就立下雄心壮志，长大后一定要做草原上最完美的狮子。

辛巴通过经验教训发现，狮子虽被称为"兽中之王"，但是在长跑中的耐力远不如羚羊，这便是它最大的弱点。也正因如此，很多时候，几乎快要吃到嘴的羚羊就那样白白地跑掉了。

野心勃勃的辛巴想方设法要去改变缺点，而通过对羚羊长期的观察，它认为羚羊的耐力与吃草有关。为了增强自己的耐力，它就学着吃起草来。最终，它因为长期吃草而变得很瘦弱，体力也大大地下降了。

母狮子得知这一情况后，教育辛巴说："狮子之所以能够成为草原之王，不是因为它们没有缺点，而是因为它们在长期的生存过程中能够时时更正自己的缺点，才超越了其他动物。

"例如，狮子的特长并不是天赋，而是熟练掌握的结果：超强的爆发力，卓越的观察力，精准的扑咬等。如果一味地去追求完美，只会导致自己丧失本来的特长，反而达不到目标。"

辛巴听后，真切地认识到了错误，并且在生存中开始发挥自己的优点。两年后，它终于成为大草原上最优秀的狮子。

哲人说："不求尽如人意，但求无愧我心。"要知道，在这个世界上，真正的完美是不存在的。追求完美只是一种憧憬，只是生活的过程和体验而已，我们只要做到问心无愧就是一种完美了。

人生总会有不如意的事情，我们需要保持一颗平常心，对各种得失、缺憾和成败泰然视之。就如断臂维纳斯也很美一样，我们不必为了空中楼阁般的完美而耗费自己的心血。

我们不可能做到任何一方面都非常优秀，其实，只要能突出一方面便已经很不错了。

▶ 有些"丑话"就得说在前面

在社交中，人们大都以和为贵，彼此尊重，互相体谅，尽量不说"丑话"。但在必要的情况下，我们要把丑话说在前头，给对方一个心理准备，让他有所警觉。如果忽略了这些，以后出现了麻烦，自己就会给他人落下话柄。

很多时候，说丑话不是为了让别人难堪，而是提前达成"君子协议"——在彼此清楚的情况下往来，就可以减少不必要的麻烦。

大学同学罗丹就因为没把丑话说在前面而栽了跟头。她毕业那年，正好一名学长开了家创业型公司，学长知道她有能力，就打"感情牌"让她跟自己一起干。

上学期间，学长确实也给了罗丹不少帮助，加上她脸皮薄，于是她就去学长的公司上班了。

虽说是公司，可加上学长总共就三个人，不过在他们的不断努力下，公司的业务水平渐渐上来了——这几年公司一直在发展壮大，甚至还得到了知名企业家的融资。

就在公司发展越来越好时，罗丹却被学长踢出了局。

这些年，罗丹可以说是为公司立下了汗马功劳，作为公司的第三个员工，也是联合创始人，她却没有得到公司的任何股份。因为她相信学长的人品，也没跟公司签订任何协议。所以，就在她向学长提出落实股权的事时，学长不答应，而且还让她另谋高就。

可见，把丑话说在前头有多重要。如果罗丹一开始就跟学长谈判，要求落实公司股权并签订协议，就不会出现这种事了。生活中有不少人像罗丹一样，凭借口头承认和所谓"你懂的"达成意向，结果往往是哑巴吃黄连——有苦说不出。

社交中，维护好人际关系，归根结底还是为了自己的利益。面对利益问题时，我们不妨直言，不要因为不好意思就把话藏在心里——很多时候，把话说出来才可靠。

"这怎么好意思说啊？说了别人会不会生气啊？"很多人在跟他人相处时总抱着这种心理，宁愿自己受委屈也不愿意把丑话事先说出来。事实证明，如此下去，你的心里只会越来越苦。

说丑话是有原则的，不到必要时不要随便开口——如果非要说，就一定要好好说，不能得罪人。

其实，跟人坦白说出自己的想法，是一种很自然的行为。每个人都有自己的苦衷，不能为了维持关系就委曲求全，不把丑话说在前面。尤其是在涉及利益问题时，一定要把丑话说在前头。

很多朋友都因为利益问题发生过纠纷，最终不欢而散，大都是因为之前的话说得不够透彻，后面才一直出现麻烦。

责任也一样。一旦需要有人负责时，我们如果没有说丑话，本能地推诿，甚至撕破脸面，大家就会老死不相往来。想想，这是比说丑话更糟糕的后果。

说丑话的方式有很多，掌握技巧后，丑话也可以说得好听，让别人心甘情愿地接受。比如，要注意自己的语气，不一定要一本正经或是非常严肃，其实完全可以用开玩笑的语气跟对方说，这样既轻松，又能达到自己的目的。

两天前我买了一套 VR 一体机用来玩游戏，朋友大鹏也想买，就说先借我的机子体验一下。我买的机子不便宜，给他时就开玩笑地说："这可是我新买的，我还没怎么用呢，要是弄坏了，你可要赔新的哦！"

大鹏笑着保证说一定不会弄坏。

用开玩笑的方式把丑话说在前头，对方不但不会生气，还会用心对待。这就是说丑话的好方法起到的好效果。

在说丑话时，你要说清楚前因后果，让对方知道这么做的好处和不这么做的坏处，从而在心理上接受你的丑话。相反，有些人一开口就是丑话，其他的什么也不说，这样很容易让对方心里不舒服。所以，在说丑话之前要多下功夫，跟对方解释清楚——尽量把后果说得严重一些，让他引起重视。

在跟敏感或重要的人说丑话时，语气要诚恳、委婉——如果说重了，对方会承受不住，或者对自己不满。必要时，你要把姿态放低以此抬高对方，这样他就更容易接受了。

徐峰是一家外贸公司的部门主管，他虽然职位不高，但资历很深，很多人跟他说话都很小心，生怕得罪了这样的"领头"人物。

部门有一位同事叫刘江，他虽然年纪轻，但说话做事很有策略。有一次，他很真诚地对徐峰说："徐主管，我要诚恳地拜托您一件事：公司制定了新规，谁要是完不成任务，就会扣奖金——您是公司的元老，我就拜托您起好带头作用了。"

徐峰被刘江这几句话说得非常高兴，他自然知道自己完不成任务也同样会扣奖金的事实，于是欣然地接受了刘江的"丑话"。

在社交中，很多时候丑话是必不可少的，我们尽量要提前说好。

但是，说丑话也要看对象，针对不同的对象，方式也应不同。

所以，只有掌握了正确的说话策略，才能在办成事的同时又不得罪人，甚至还能体现出自己的交际能力，得到他人的欣赏和尊重。

把丑话说在前头就等于给对方打了预防针，让他做好心理准备，这样能维护自己的利益，避免承担不必要的责任，减少麻烦。

▶ 聊天时，不可碰触他人的"污点"

每个人或多或少都有一些污点，毕竟人无完人，所以，在交际中我们绝不能只盯着他人的污点看，甚至对其不屑一顾。这是无礼的表现，不仅会伤害到他人，到处树敌，还会影响自己的形象。

如果你盲目地自我感觉良好，总是轻易对有污点的人失礼，就容易处在危险之口。久而久之，你就会失去人心。

张冰是一家高级俱乐部的会员，俱乐部每个月都会举行社交宴会，而且每次都会来很多名人，是拓展人脉的绝佳场所。所以，在那里，大家都会尽情展示自己的交际之术，以此来获得别人的关注。

张冰性格比较冷傲，她来这里的目的就是寻找完美的合作人。在交谈中，她从别人口中听到了科技大亨 Mr 张的"丑闻"：据说，Mr 张离过三次婚，而他的"小媳妇"偷了他很多钱跟别人跑了。

张冰一听，就对 Mr 张满脸的不屑——她认为这么滥情的人简直可耻，怎么能合作呢？

"Hi，你们好，我是 Mr 张，很高兴认识你们。"说曹操曹操就到，Mr 张过来打招呼，其他人都很热情地给予了回应。

"哼！"张冰理都不理 Mr 张，她径直走开，跟其他人打招呼去了。

Mr 张非常尴尬，这也让他记住了张冰。

有好几个朋友都提醒张冰不要太过情绪化，不能对别人无礼，哪怕是有污点的人，他也有了不起的一面，说不定日后还能成为合作者。

张冰年轻气盛，对大家的劝告不屑一顾。可这一行的圈子真是太小了，后来有一次张冰跟着同事去见客户，没想到对方正是 Mr 张——只不过，他什么也没说，只是含笑看着张冰。

这时，张冰懊悔死了，她心想，当初自己让 Mr 张下不来台，现在对方肯定不会跟她合作了。事实上，Mr 张是个非常理智的商人，他没有太为难张冰，但在合作期间只跟她的同事详谈合同细节。

此刻，张冰才真正意识到当初自己的失礼是多么的不应该。从那之后，她再也没犯过类似的错误——她时刻铭记，他人的污点绝不应成为自己失礼的理由。

当他人有了一些缺点后，如果你只盯着他人的缺点看，必然会变得心胸狭隘，从而失去更多的朋友。

人际关系非常复杂，如果你不能说出得体的好话，就不要信口开河。有些人就喜欢在背后宣扬别人的污点，甚至当面出言不逊，做出失礼的举动。这是悲剧的开始，后果往往不能设想。

有人说过，与他人相处时，如果你在看到对方缺点的同时还能看到优点，那么你们做一辈子的朋友也没问题。所以，在社交时太过苛刻，很容易成为众矢之的。

也许，你认为轻视别人没关系，但对方会记住你的失礼，以致记恨你，不利于人际关系的建立和维护。所以说，交际时要时刻注意对方的面子，毕竟面子对每个人来说都是非常重要的，最好不要图一时之快落了下风。

此外，很多人喜欢拿别人的污点打趣。也许，你只是开玩笑似的随口一说，但对方心里肯定会不高兴。

"打人不打脸，骂人不揭短。"面对有污点的人时，一定不要提及对方的污点，以免招致对方的不悦。同时，当有人说及某人的污点时，我们也不要太当真地参与讨论，更不能在听完之后去大肆宣扬。

拿别人缺点说事的人，不仅会得罪当事人，旁人也会认为他无知，这样反而损害了自己的形象。所以，当听到闲话时，我们要及时制止。

其实，每个人也都有优点，都想得到他人的肯定。如果你能肯定对方的优点，必然会受到对方的感激，想获取对方的帮助也会容易许多。总之，在交际中一定要约束自己，不做失礼的事。

李亮是个朝九晚五的上班族，下班后他经常会云附近的超市买点水果。一天，小区的临街商铺新开了家卖水果的摊位，他决定去看看。结果，他在挑完水果后才发现自己没带钱包，一时很是尴尬。

"你是李亮吧？"不承想，卖水果的老板认出了他。

"对，对，我是，你是……"李亮连声说。

"我是小杜啊，三年前在公司的后勤部上过班，你不记得了？"

这时，李亮才认出了小杜。当年，大家没事就会笑话小杜，说他娶了一位丑妻，只有李亮尊重和认可他。

"这些水果你先拿着吃吧。"小杜非常热情，让李亮感动不已。

不难看出，多肯定他人的优点是赢得对方喜爱的好办法。但是，如果在谈话时非要提及他人的缺点，这时就要掌握正确的方法了。也就是说，你的语言要含蓄、委婉，最好一笔带过。

社交需要彼此照应，如果你面对他人的污点能不失礼，来日自己犯错时，对方也能以礼相待，保全你的尊严。这个道理很多人都知道，但往往会因为图一时之快，害人害己。

客观地去看待他人，用温和的态度待人，你会发现世界会宽阔许多。

Part 7:

社交不可情绪用事，否则所有人都离你远去

仇恨是社交的一道鸿沟

多一些忍耐，你的人生就会不同

别把无效社交当逃避社交的借口

每天只是抱怨，生活将没有乐趣

你的人生不需要他人来肯定

天大的事儿也不能在办公室吵闹

▶ 仇恨是社交的一道鸿沟

在生活中，我们不太容易原谅别人，尤其是那些曾经伤害过我们的人。说不定在很久以前，或者就在昨天，有一个人无意中伤害了你，于是，你便会久久不能释怀。

有位哲学家曾经说过，原谅是堵住痛苦的唯一方法。唯有原谅他人，你才能让自己的心情更加舒畅。可是，不原谅又有什么用呢？仇恨只能让你变成一只作茧自缚的蚕，将自己束缚在烦恼丝中。

如果冤冤相报，这样不仅解决不了问题，反而只会让双方陷入永久的痛苦中——而宽容能治愈这种内心的伤痛。

海格力斯是古希腊神话中的一位大英雄，一天，他在崎岖的山路中踩到了一个东西，这阻碍了他的去路，于是他恼羞成怒，想把它踩死。可意想不到的是，这东西非但没死反而越来越大，最后挡住了所有的去路。

这时候，有位智者突然走出来说道："不要踢它，你要远离它，甚至不许记住它！因为它叫仇恨，你忘记它的话，它就会像当初一样小；你侵犯它的话，它就会膨胀起来，挡住你的路，与你敌对到底！"

仇恨和敌意在我们与周围的人之间筑起了一道鸿沟，而宽容和善良则是跨越鸿沟的桥梁——待人宽容是一种美好的品质，在宽容了别人的同时，也能给自己留下舒缓的空间。

有关实验表明，宽容的情绪对身心健康能起到积极作用。曾有心理学家做过这样一个实验：他让参加实验的人用狭隘的心态回忆自己曾经受到伤害的场景，随后再用宽容的心态回忆同样的场景。

结果表明，在狭隘的心态下，参加实验的人平均心率从每4秒1.75次增加到了每4秒2.6次，并且血压也随之升高。可见，仇恨、计较等狭隘情绪不仅会给人们的精神世界带来负担，还会影响机体的健康。

如果你无法原谅伤害了你的人，而是一味地怨恨，那么，结果只会让自己未老先衰，最终失去幸福。

曾经有人将怨恨比喻为"一条环抱在胸前的毒蛇"，认为它恶意的毒牙会伤害到你，甚至结果你的性命。所以，为了自己的幸福，我们也应该丢开怨恨的情绪，试着去接受对方。就像有位哲人所讲的那样："怀着爱心吃青菜，要比带着愤怒吃海鲜强得多。"

一个人有了宽容，才能克服不良情绪，做到心态平和。这是一个人美好的个性品质，同时是一种良好的生活态度。

在一辆公共汽车上，一个外地来的年轻人手里拿着一张地图研究

143

了半天，问售票员："请问，去××大街应该在哪儿下车啊？"

售票员是个年轻姑娘，正剔着指甲的她头也不抬地说："你坐错方向了，应该到对面往回坐。"这话也没什么毛病，错了就坐回去呗，但她紧接着多说了一句："拿着地图都看不明白，还看什么劲儿啊！"

旁边的一位大爷听不下去了，对小伙子说："你不用往回坐，再往前坐四站地，换904路也能到。"要是他说到这儿也就完了，既帮助了对方也树立了好市民的形象，可他又多说了一句话："现在的年轻人啊，没一个有教养的！"

车上的年轻人多着呢，打击面也太大了吧？

有个女孩子就忍不住了，说："大爷，没教养的毕竟是少数，你这么一说，我们都成什么人了？"说完，她又多了一句嘴："像你这样上了年纪的老人，看着挺慈祥，一肚子坏水的多了去了！"

一个中年大姐冒了出来："你这个女孩子怎么能这么跟老人讲话呢，你对你父母也是这样说话吗？"女孩子立刻不吭声了，可大姐又多说了一句："瞧你那样，估计你父母也管不了你。"

接着，两人吵成了一团。

"都别吵了！"售票员这时说道，但她接着又多说了一句话："要吵统统都给我下车吵去，烦不烦啊！"

整个车厢立刻炸了锅，乘客们分成几拨开始骂人，有骂售票员的，有骂女孩子的，有骂中年大姐的……

维吉尔曾这样告诫人们："无论遇到什么事，命运终将被忍耐战胜。无论发生什么事，我们都应该首先考虑退步忍让。"

在现实生活中，每个人都不可避免地要与人交往，那就免不了磕磕碰碰的。此时，你若不去克制，不知忍让，与对方撕破脸皮，那么很可能会小事化大，麻烦不断。

"大气者大开大合，宽宏大量，坦坦荡荡。小气者谨小慎微，手足无措，斤斤计较，虐虐戚戚。"一个人懂得退让，就不会被认为是大老粗，同时，懂得退让就会收获好人缘。

换句话说，你如果想要培养大气之美，想要拥有更好的生活和未来，就得学会适时、适当地让步。

《菜根谭》曰："路径窄处，留一步与人行；滋味浓时，减三分让人尝。"凡事选择让步，表面上看像是损失，事实上获得的会比失去的多。

▶ 多一些忍耐，你的人生就会不同

有人说："其实，人与人都很相似的，不同之处就那么一点点。"这一点点，便是忍耐力。一个能够忍耐的人，是一个有足够自控力的人——他对自己的雕琢更甚他人。

每个成功者都知道自己想要什么，该做什么和绝对不能做什么。因为他们深知："在成功的道路上，你没有耐心去等待成功的到来，那么，你只好用一生的耐心去面对失败。"

韦文军不是一个普通人物，他的装饰设计公司短时间内就在深圳崛起了，这传奇般的成功史值得我们借鉴。

美专毕业后，初到深圳的韦文军在第一次面试时就经受了一连串的打击。

一走进装修设计公司的老板办公室，韦文军这样介绍自己："您好，我叫韦文军，今年毕业于……"还没等他把话说完，老板一挥手，道："出去！我们公司不要刚毕业的新人！"

韦文军当时难过极了，但他还是很克制地说："虽然我刚毕业，但我还是挺有天分的……"老板马上打断了他的介绍，大声说道："我们公司的员工个个都有天分，请你马上离开！"

韦文军没有放弃，而是马上拿出作品放到了老板面前。老板看了之后，感觉还行，就对韦文军说："我们办公都是用电脑操作的，你可以吗？"

韦文军连连点头说："我会用电脑！"

经过软磨硬泡，老板答应给韦文军一些日子的试用期。可是，没过几天，老板就让韦文军走人了，原来他看出对于电脑操作韦文军只是会些皮毛而已。

让人如此看不起，自尊心受到了打击的韦文军依然选择了忍耐：

他再次表明自己想学软件操作，可以不要公司的任何报酬，只要管吃管住就行。老板想了想，点头答应了，不过又加上了一条：让他负责公司的清洁工作。

韦文军接受了，从此，整个上午，他都在打扫卫生。中午吃上几口饭，然后接着搞卫生。等所有的清洁工作完成后，已经到了下午。剩下的时间，他就跟别人学习如何操作软件。

下班后，韦文军还要再次打扫一遍卫生。简单吃过晚饭后，他就开始读书和学习软件操作。

后来，韦文军觉得自己还得多了解建筑知识，于是产生了去总工程师那里"偷艺"的想法。他发现，那位总工每晚有喝酒的习惯，他就用自己不多的积蓄买来各式好酒，还带来一些下酒菜，以此套近乎。终于，总工默许他坐在自己身边学习了。

从那之后，公司正式雇用了韦文军，月薪 1000 元。

工作了一段时间后，韦文军画的 3D 装修效果图就达到了非常高的中标率。

经过反复研究，老板还发现韦文军的色彩感也特别好，就立刻提升他做了设计总监，月薪 6000 元，并不时给他一些大项目去做。

几年后，公司得到了"东海庄园"别墅群规划的大单子，韦文军全权负责这个项目。此时，他已经非常老练了，而他的风景水粉画功底也派上了大用场——他只花了两个月的时间，就画了 37 张 3D 效果图。

韦文军的设计效果图受到了客户的称赞，客户很快就将款项划到

147

了公司的账上。

不久，韦文军被老板任命为艺术总监，这时他已经月薪两万元，而且还有年终分红奖励。回首往昔，他为自己一年前还在公司打扫卫生洗厕所的境遇感慨万千。

两年之后，韦文军用攒下的积蓄成立了自己的装饰公司。

人生总是充满了机遇和挑战，就像当初刚毕业的韦文军，他没有一技之长，三番五次地被人拒绝。但是，他凭借着忍耐力和冲劲儿，从不要工资开始，从打扫卫生做起，最终成了一名技术精湛的设计师。

人因为有希望才能够好好地活着，不管生活多么艰难，只要不放弃对未来的希望，我们就有勇气忍耐一切，在忍耐中前进。所以，我们也要像韦文军那样有一颗忍耐的心，有一颗充满希望的心。

成功就是这样，要忍耐，要对自己狠一点，不过是要花代价的。

▶ 别把无效社交当成逃避社交的借口

网上很多文章在说："你需要拒绝无效社交，它会给你带来一堆麻烦和烦恼。"其实，任何一种社交都不是完全无效的，你不能以点概面，将你说的每一句话、做的每一件事都转变为看得见、摸得着的利益。

当然，你更不能把拒绝无效社交当成逃避社交的借口。

一名网友给我留言：最近一年我越发讨厌社交活动，之前大学没毕业的时候，每天还能跟舍友一块儿打游戏或喝啤酒撸串，觉得这种生活没什么不好，很充实，整个人也充满活力。可是实习后有了职业规划，下了班就一头扎进资料堆里，想法子提升自己的专业技能。

晚上，朋友叫我玩游戏，我推掉了；周末，同事约我去钓鱼，我拒绝了。我几乎断绝了所有我认为的无效社交，不做不能给自己带来效益的事。

可是这么做以后，我反而不快乐了。

某些情感博主、大 V 理直气壮地说："拒绝无效社交，你应该把时间和精力花在自我成长上！"

你看到后觉得他说得对极了——我坐在这儿跟你聊天，听你说那些生活琐事，还不如回家看两页书，至少我还能学到点什么。于是，你开始拒绝跟朋友、同事聚会，一个人窝在家里，大门不出二门不迈，还美其名曰：这是在精进自我。

直到有一天，你不得不参与某社交活动当中，在其他人都谈笑风生的时候，你只能坐在角落里，连个插话的机会都没有——所以说，你不是实现了无效社交，而是借着这么一个由头来逃避社交。

人类是社会性群居动物，谁也无法逃避社交，正如伏尔泰说的那样：“自从世界上出现人类开始，相互交往就一直存在。”一些内向的人认为，既然自己不能左右逢源，那就别往人多的地方凑热闹，多给自己一些空间和时间，做自己喜欢做的事。

可是，在现实生活中，只要你不选择隐居山林，就必须要面对社交这件事。

我和网友大芒探讨过这个话题，她说她从内心里不喜欢社交，觉得跟他人打交道特别累。在经过详细的了解后，我发现她并非真心讨厌社交，而是因为她在社交时总是不能很好地表达自己，以致觉得社交是一种拖累。

大芒个子不高，长相普普通通，工作能力也一般，每次跟同事、朋友在一起时，她心底就会生出一种自卑感：我比不上她们中的任何一个，比衬托娇艳鲜花的绿叶还不如。

于是，大芒跟朋友相处总是小心翼翼的，生怕自己哪句话说得不好让对方不开心。可是，每次看见同事或朋友互相开玩笑、戏谑对方，她又很羡慕，那种矛盾的心理让她很难受，最后她索性回绝所有的社交，觉得这样做就不会得罪任何人了。

大芒的这种行为正如一些大 V 的观点——拒绝无效社交。可是，现在你是否彻底地放弃了社交呢？所以，不要轻易听信任何人给出的建议，你要根据自己的需求来判断是否采纳。

在面对问题时，大多数人都是因为内心的恐惧感而盲目地做出选择，比如借酒消愁，这只是一种自我安慰与逃避，它除了给你增添烦恼外，解决不了任何问题。所以，很多害怕社交的人，在与人交往时首先想到的不是"我是否需要"，而是"我要远离这件事"。

有时候，陈旧的思维和坏习惯会影响我们的判断和行动，一旦习以为常，我们就会变成像是被人驯化的动物，听从他人的命令指挥，失去自己的判断能力和思想。你要明白，你需要拒绝的不是社交，而是懦弱的自己。

▶ 每天只是抱怨，生活将没有乐趣

现在的生活节奏很快，每个人为了将来都是又忙碌又辛苦。只是，很多人却这样抱怨：起床太匆忙，没时间吃早餐；挤车时，被别人捷足先登，路上拥堵；策划做得不好，被上司当面批评；同事升了职，自己还在原地踏步……

也许，你的心里还很有底气：整天被这些烦心事纠缠，生活根本不快乐，我无法改变，抱怨一下也不行吗？

但是，如果你纠结于这些事，自然会滋生抱怨的心理，那样将很难得到快乐。你之所以抱怨不快，那是因为你在工作中只关注了痛苦，而没有挖掘到快乐。

快乐不是凭空等来的，而是需要你付出实际行动——只有积极地寻找与发现，你才能领略到快乐的美好。

派克市场是美国西雅图的一个特殊市场，之所以这么说，是因为这里跟一般市场不同——市场尽头的鱼摊前充满了快乐的氛围，众多顾客和游客都认为，到此处买鱼是一种快乐的享受。

原因就在于：这里的鱼贩虽然每天被鱼腥味包围着，干着繁重的工作，但他们总是将笑容挂在脸上。而且，他们个个身手不凡，工作起来就像是马戏团演员在表演一样。

有一位来自威斯康星州的游客选中了一条三文鱼，只见一名鱼贩淡定地站在原地，抓起鱼向后面的柜台扔去，并且喊道："这条鱼要飞到威斯康星州去了。"

柜台后的另一名鱼贩也露出了笑脸，顺势将鱼接住，收拾完鱼后，还不忘来一句："这条鱼飞到威斯康星州了。"话音刚落，他就将这条鱼打包完毕了。

围观的众人见鱼贩们整个动作一气呵成，不禁齐声欢呼。于是，大家在笑声中买了鱼满意地离去了。

尽管海风让这里变得很冷，可是鱼摊让这里温暖了起来。这就是著名的派克鱼摊。与市场上的其他鱼摊相比，它并不出众，可它为什么具有这么大的魅力呢？

有一次，一名记者专程来这里采访鱼贩，问道："你们在这种充满鱼腥味的地方工作，为什么还能保持这么愉快的心情呢？"

其中一名鱼贩回答说："几年前，这个鱼摊处于破产的边缘，于是大家整天抱怨连连。后来，有人建议说，与其每天抱怨，还不如改善工作的品质。在接下来的工作中，我们发现，快乐对于自己和顾客来说都非常重要。

"于是，我们不再抱怨生活的艰难，而是把卖鱼当成了一种生活艺术，并且创造出了'飞鱼表演'。所以，不管哪一天，只要来了顾客，我们都要亲切地问候他们，然后进行表演。就这样，我们在工作中就找到了快乐。"

这种工作气氛还影响了附近的居民，他们经常到这儿来跟鱼贩聊天，感受鱼贩的好心情。后来，甚至有不少企业主管专程跑到这里来学习鱼贩快乐的工作方法。

所以说，一个人能否快乐完全取决于个人选择——无论你是谁，无论你身处何种环境，只要愿意在工作中寻找并发现乐趣，就能享受到好心情。

美国石油大王洛克菲勒曾说过："如果你将工作看成是一种乐趣，那么你的人生就是天堂；如果你将工作当作一种义务，那么你的人生就是地狱。"

很多时候，我们总在抱怨工作的繁忙和单调，心中充满了烦恼和无奈。其实，你不知道，工作快乐的秘诀不是"做自己喜欢的事"，而是"喜欢自己做的事"。工作的快乐就在每一个细节之中，需要你用乐观的心态去领会。

大学毕业后，林晓尝试过很多种工作。后来，她去了一家育儿网站，成了一名网络编辑。

林晓爱好文学，加上她非常喜欢小孩子，所以对这份工作很满意。在工作中，她经常跟准妈妈们交流，并在组织现场活动时跟一群可爱的宝宝做游戏。

虽然有时候需要加班，可是林晓没有半句怨言，她还经常跟同学提起自己的工作："我在工作中不仅学到了很多育儿知识，而且还结识了不少朋友。"

相比之下，单位里其他几个"怀揣梦想"的大学生，她们在从事网络编辑工作之后，觉得每天都重复同样的事情十分枯燥，毫无新意可言。因为理想与现实的巨大差距，她们的心理无法达到平衡，始终牢骚满腹，最后不得不离开公司另谋高就。

比尔·盖茨说过："如果只把工作当作一件差事，或者只将目光停留在工作本身，那么即使是从事你最喜欢的工作，你依然无法持久地拥有对工作的热情。"可见，一个人对工作没有热情，自然不会感受到其中的乐趣。

对待工作，抱怨的心态是不该有的。有一句话说得好："没有抱怨，你不一定会成功；但是有抱怨，你一定不会成功。"抱怨是妨碍我们工作顺利和事业成功的大敌，必须铲除。

卡耐基曾说过："如果我们有着快乐的思想，我们就会快乐；如果我们有着凄惨的思想，我们就会凄惨；如果我们有害怕的思想，我们就会害怕；如果我们有不健康的思想，我们就会生病。"

命运往往是公平的，上帝在关闭一扇大门的同时，必定会打开一扇希望之窗。你与其死守着那扇紧闭的大门怨天尤人，不如转身尽快找到属于自己的那扇希望之窗——看吧，外面就是蓝天白云。

所以，在生活中遭遇困难和挫折时，没必要怨天尤人，而要用积极乐观的心态勇敢地去面对，那么，你定能从灰暗走向光明。

对工作充满兴趣，善于发掘工作中的快乐，你就能成为一个快乐的人。

▶ 你的人生不需要他人来肯定

现实中，我们为了迎合别人的目光，习惯用一些华丽的外衣去包装自己。只有当自己的成绩得到称赞时，我们才有被肯定的感觉。然而，一旦自身价值受到质疑，我们便会对自己彻底失去信心。

"我觉得你完不成这样的任务。"

"这个工作你没什么经验，坚持下去也是徒劳！"

155

"你的性格不适合从事这个行业。"

"原谅我不能嫁给你，跟你在一起，我看不到希望……"

七嘴八舌的议论从四面八方涌来，我们开始手足无措。当自我肯定的防线一降再降，我们甚至也开始怀疑自己的能力和魅力了。

当你接受了别人的批判与否定，你会变得异常怯懦、自卑，而看到朋友们风光无限，你会自叹技不如人，自认什么事都做不成。

有些人总觉得别人拥有的种种幸福是自己得不到的，自己不能与那些命好的人相提并论。然而，这样的他们将会减弱自己的自信，同时减少成功的机会。试想，一个连自己都不挺的人，还能奢望别人给你怎样的肯定和鼓励呢？

哈佛大学心理学教授泰勒说："当我们不接纳与生俱来的价值时，我们其实是在渐渐地破坏自己的能力、潜力、喜悦和成就。"所以，大家应该记住：在这个世界上，除了你自己，没有人可以否定你的价值。

《青岛往事》的主人公满仓就是一个不自我否定的人。满仓是个命苦的孩子，襁褓时发高烧，烧坏了脑子，大夫说将来他会比其他人笨。养母知道满仓是个好孩子，于是告诉他："你比别人笨，就要比别人拙。别人坐着，你就要站着；别人站着，你就要走着；别人走着，你就得跑着。"满仓一直把这句话记在心里。

后来养母病重，临死前告诉满仓，他的亲生母亲在弗里西家做工，让他到青岛寻母。满仓一路要饭到青岛，整整找了一年才找到自己的母亲。可母亲因个中原因不肯认满仓，她害怕满仓会给她的大儿子天佑带来霉运。

骨肉亲情，血浓于水。天佑第一次见到满仓就觉得亲切，他背着母亲把满仓带到弗里西面前，恳求他留下满仓在店里当伙计。弗里西被天佑的真诚打动了，他说只要满仓能在一个月内学会说德语，就留下他。

当大家都觉得这个笨呆呆的孩子学不会德语时，他竟然学会了，成为弗里西店里的正式伙计。

几年后，满仓决定干一家小染布坊。小嫚讽刺他说："就你？你会染布吗？你懂吗？"满仓却说："我不懂，但是我可以学。"后来，他开了一家染布坊，收益还不错。再后来，满仓去部队当兵。小嫚担心地说："王满仓那么傻，要是子弹来了他不知道躲，中弹了怎么办？"

事实上，小嫚的担心不是没有道理的。刚开始，满仓不会打枪，但是他够拙，他知道使拙劲儿，每天都到操场上练习瞄准。每个人都说他笨，可是养母曾经告诉他：比别人笨，就要比别人拙。虽然满仓没有成为优秀的军人，却学到了军人的精神：爱国和坚韧。

再后来，天佑被吉村陷害入狱，满仓为替他讨回公道，决定在生意场上跟吉村斗个高低。小嫚生气地说："王满仓，你懂期货吗？你知道期货是什么吗？天佑那么聪明都败给吉村了，你有他聪明吗？你能把日子过明白就不错了！"

取引所的经理说："王老板，你回家好好染你的布，期货不是你能做的。"就连对手都说："他不是做期货的料儿。"

总之，所有人对满仓都充满了质疑——笨，太老实，不是做生意的料儿。结果是，满仓赢了，他打败了吉村，把当初天佑被抢的家产都夺了回来。而这一切，都是因为他知道：我笨，就要比别人拙。

满仓的大半辈子都活在别人的质疑和嘲笑中，但是他最后之所以能改变这一切，不是因为他聪明，而是因为他不曾放弃。

生活中，大多数人都认为自己能力有限，一遇到困难就只会责怪命运不公，于是选择逃避、退缩。其实，只要努力多一点，自信多一点，我们同样会成功。因为努力和自信的态度犹如风帆，是你乘风破浪的必备品，可以渡你直达彼岸。

一位哲人说："你的心志就是你的主人。"所以，你不要因为别人的眼光而犹豫，也不要因为别人的质疑而从此萎靡不振。要知道，一个人没有自信，就如天空的浮云游移不定。

如果这个世界上有一个人有资格否定你的价值，那就是你自己。如果你真的向自己投降了，那么也就是不打自败。我们应该时刻铭记自信的格言："我想我一定能够成功，即使现在不能够成功，以后也一定会成功！"

▶ 天大的事儿也不能在办公室吵闹

每个人的价值观都不相同，尤其是在工作中，如果因为一点小事就跟同事发生不必要的冲突，由此而影响了工作那可就不划算了。

这是因为，冲突过后一切都会恢复平静，工作仍旧要持续，可是你和同事为此而产生了隔阂，从而会对工作造成一定的影响。

办公室是公共场合，如果你在此大吵大闹，有损自己的形象，也违背了职员的基本礼仪。所以，对一个职场新人来说，发生冲突后尽快去化解非常重要，否则可能会生出事端。

今天早上一上班，小椿就怒气冲冲地走到老杜面前，把手里的礼盒往办公桌上一扔，质问道："你什么意思啊？成心的吧！"

上周，小椿和老杜因为工作的事闹了点别扭。两天前朋友送给老杜一套名牌床上用品，他听说小椿婆婆的生日马上到了，想着他们都是同事嘛，低头不见抬头见，还是和气点儿好，就把床上用品拿过来借花献佛。

小椿特别高兴，还在老杜面前自我检讨了一番，俩人算是冰释前

159

嫌了。可没想到，这才过了一个晚上，小椿就翻脸了。只见她打开包装，礼盒里面有一张附加纸，上面赫然写着四个大字：赠品勿卖！

"这几个字你不会不认识吧？昨天我把它送给婆婆当生日礼物，结果在全家人面前丢尽了脸，现在你高兴了吧！"小椿生气地说。

"这，这我也没想到啊。再说了，这可是名牌，价格不便宜，这赠品——赠品说明它不是假货啊！"老杜有些尴尬，他之前没打开包装，没想到会发生这种事。

可小椿更生气了，她翻出旧账，说老杜欺负她，对上周的事耿耿于怀，结果两人你一言我一语的就吵起来了。同事劝都劝不住，最后惊动了公司李总监。

李总监了解了事情的经过后，说："就这么点小事，你们犯得着吵架吗？"

老杜率先表态，说以后不会了，内部团结问题他还是分得清楚。可小椿余怒未消，阴阳怪气地讽刺老杜："你不给我使绊子，我就谢天谢地了。"

李总监当即板起脸来，生气地说："这是公司，不是在拍电视剧！小椿，你这是什么态度，以后要向老杜学习！"

等小椿平静下来，才发觉自己失言了，担心李总监认为她是个爱搞小动作的人。

在职场中，我们难免会与同事产生一些摩擦，但是切记要理性处理问题，不要盛气凌人，非要争个你死我活——就算你有理，但同事也会因为你的咄咄逼人对你敬而远之。而与你争吵的同事，更是会对你怀恨在心，这岂不是得不偿失？

所以，当我们与同事产生矛盾时，应该心平气和地好好商量，绝对不可以去争个你死我活。要知道，无论任何事情，每个人都有自己的想法，会站在自己的立场上看问题，觉得自己就是对的。但大多数人在争吵时无法做到将心比心，所以最后往往会不欢而散。

相反，假如你能做到善解人意，凡事都站在对方的立场上去考虑问题，那么，很多冲突其实完全可以避免。

某洗发用品公司新开发了一种产品，可关于产品的销售方向是倾向于都市还是乡村，大家在会议上产生了很大的争论。

看到大家争论不休，公司经理宣布暂停开会。

再次开会时，主张倾向于乡村销售的主管说："虽然我从小生活在都市里，对乡村不太了解，但我觉得在乡村生活的人应该会喜欢这款产品，因为产品的包装设计、售价都按乡村风格来定的，不知道大家对此怎么看？如果大家觉得我的想法是错误的，我也很乐意改正。"

没想到的是，主管说完后，大家从争论变成了讨论，会议气氛好多了。后来经过讨论，大家都欣然赞成倾向于乡村销售的方案。

在职场中，大家对每一个方案的执行肯定都会有分歧，但当有了分歧后，是否需要争吵呢？

这很值得商榷。其实，当你不那么固执己见，而是就事论事时，

161

你就会发现，虽然你无法完全认同对方的意见，但对方说的也并非全无道理——也许把两人的意见综合一下结果会更好，而且这也能体现出整个团队的智慧。

那么，在职场中，我们怎样做才能化解冲突呢？不妨把握好以下几方面：

首先，要学会以大局为重。

同事都是因为工作关系而走到一起的，因此我们要懂得以大局为重，形成利益共同体。

大家一定要具备团队意识，相互帮助，而不是拆台，切记不可因为自己的小利而损害集体的大利。如果我们能以大局为重，那么就能大事化小，小事化无。

其次，有异议时要求大同存小异。

同事之间由于立场等差异，对同一个问题难免会产生不同的看法。因此，与同事有分歧时，我们既不能过分地与之争论，也不可一味地"以和为贵"，而应争取求大同存小异。

另外，我们还要学会冷静地处理问题，这样才能淡化矛盾，又不失自己的立场。

最后，学会宽容、忍让与道歉。

同事之间发生了矛盾，你不要认为先说对不起就丢面子，所以别等同事来找你，而要积极主动地去道歉。

如果两个人继续争吵下去，那会失去同事之谊；如果重归于好，则会相安无事。所以，你不要总是等待别人来解决问题，自己要先负起责任。

　　有时候，当大家产生冲突的时候，我们不妨找机会主动沟通，表示一下自己的态度。如果你觉得工作时间不方便，可以约个时间一起吃顿饭，在轻松的状态下交换一下彼此的看法。这样，对产生冲突的原因不一定要分出谁对谁错，关键是要把事情说清楚，双方不要因此留下心结。

Part 8：

商场社交，让每个客户都对你青睐有加

关系效应：商场之中，要懂社交之道

多看效应：没事的时候混个脸熟

软肋效应：循序渐进，一击即中客户弱点

细节效应：名片虽小，里面的学问可不少

平等效应：客户不分贵贱，每一位都是"上帝"

人情效应：帮助别人等于积攒自己的人脉

近情效应：商场社交，跟谁都得多亲近

关系效应：商场之中，要懂社交之道

一般来讲，我们所说的"关系"指的是人际关系，属于社会学的范畴。这也就是我们通常所讲的"人际交往"，例如朋友关系、同学关系、师徒关系，等等。

中国最复杂的一门学问莫过于"关系学"了，因为我们办事都要靠关系——很多人情和面子就隐藏在关系中，一旦操作不慎，便会满盘皆输。

中国人讲人情、好面子，这就提醒我们在为人处世的时候要学会拉关系。那么，如何拉近彼此的关系呢？

从前有个姓王的穷秀才，他穷困潦倒的时候根本没什么人愿意跟他来往。后来他中了状元，不少乡亲跋山涉水来到状元府，找他攀亲戚。

这天来了四个人，他们都自称是王状元的族人，与他同宗共祖。

第一个人姓汪。守门官拦住这人道："状元姓王你姓汪，攀什么亲戚？"姓汪的人说："大人！我是水边'王'，现在准备搬家，不住在水边上了，当然是一家。"

守门官一听，这是哪儿跟哪儿啊，就把姓汪的赶走了。

第二个人姓匡。守门官问道："状元姓王，你姓匡，攀什么亲戚？"姓匡的人说："我跟状元同住一个院子，因为涨了大水堤埝溃口，我就成了破埝'王'。状元当年逃水荒跑出了破埝，我们从此分开了，现在族人重逢，请您高抬贵手。"

守门官一听，这是哪儿跟哪儿啊，把姓匡的也赶走了。

第三个人姓黄。守门官奇怪地问："一个姓王，一个姓黄，你来攀亲戚这不是胡说八道吗？"姓黄的人说："黄王两姓，分字不分音；诗词歌赋同一韵，五百年前一家人。"

守门官一听，这是哪儿跟哪儿啊，把姓黄的也赶走了。

第四个人姓田。守门官大发脾气道："你呀你，姓田的怎么也扯不到姓王的头上呀！"姓田的人说："怎么扯不到？我比他们好扯得多，如果不要两边的脸，你说我是不是姓王呢？"

结果，姓田的也被守门官赶走了。

表面上看，这是一则笑话，然而里面蕴涵着值得我们深思的问题。汪、匡、黄、田四个人，他们与那位状元本来八竿子打不着，然而在私利的驱使下，他们想方设法地要与状元拉上关系。当然，他们败就败在太蠢了。

反过来说，如果汪、匡、黄、田四个人能揣摩揣摩那位状元的心理，换个思路，找一些自己与状元的共同点，并以此为突破口与状元拉关系的话，即使他们之间八竿子打不着，说不定也会成功的——至少他们的做法不会令人不齿。

所以，在与人拉关系的时候，我们一定要多加注意细节。

其实，在人际交往中，很多事情与其说是能力和方法的博弈，不如说是心理的博弈。也就是说，我们要懂一点心理策略，不能单纯地去说和做，而要用"心"去说和做——只有抓住一切可利用的时机巧妙地"拉关系"，才会实现沟通的效果。

▶ 多看效应：没事的时候混个脸熟

在社交中，人们往往对熟悉的事物有偏向喜好的思维定势，比如对自己特别熟悉的人容易产生好感。

有人认为拉长谈话时间，与对方达到深度交流会加深彼此的熟悉度——实际上，要想与对方彼此更加熟悉，增加见面的频率要比拉长谈话时间更有效。

这是因为，经常出现在你眼前的人要比出现次数少的人留给你的印象更深刻。这就是见面时间长不如常见面的现象，也就是心理学上所说的"多看效应"。

所以，经常与对方见面，他就会更熟悉你，继而可能更喜欢你。

杨庆华新到一家公司做业务员，由于跨行业了就在新业务方面不太熟悉。公司的一位前辈告诉他："你制订一份计划，每天坚持走访5位客户，这样一个月就能拜访100多位客户。坚持两个月后，你就什么都明白了。"

杨庆华问："为什么要这样做？两个月之后我又能明白什么呢？"

那前辈很严厉地回答："不要问我为什么，原因以及感悟，两个月后你就会在销售实践中体会到。如果你想成为好的销售人员，就按我说的去做吧。"

杨庆华听了前辈的话后，尽管有些不解，但还是用心地做业务去了。两个月后，他终于有所体会，也总结出了不少经验。

谁都知道，搞定对方的领导才能拿下订单。但是，杨庆华发现领导一般都很忙，没时间与你闲聊。而大多数推销员，只要一遇到领导有时间便会紧抓不放，与之长谈。这样会耽误对方的时间，容易引起对方的反感，结果只能导致失败。

杨庆华使用的策略是"多见面胜过见面长"。他每天都去拜访潜在客户，有时会帮着对方做点杂务，有时会与之闲聊几句——如果对方很忙，他就会知趣地离开。两个月后，由于拜访的客户多了，杨庆华就掌握了不少谈生意的技巧。同样，客户见他的次数多了，对他也就熟悉了，信任了。于是，他的订单自然就多了起来。现在，他的业务能力远远地超过了其他同事。

杨庆华跑业务时频繁拜访客户，不仅帮助他认识了更多的客户，学习了销售策略，同时也扩大了他在客户面前的影响力。再加上他很聪明，能够不时地帮助客户做些小事，也不给客户添麻烦，所以客户最终选择了与他合作。

此外，销售人员如果性格开朗、乐于助人、人缘好，也容易给客户留下好印象。可见，要想与对方建立良好的关系，平时要多"出现"在对方的生活里。比如，节假日的时候，天气有变化的时候，可以发短信问候一下对方。对方有空时，也可以请他出来坐坐，吃顿饭，喝喝茶或咖啡，以此来建立感情。

在人际交往中，一个人可能会具备很多优势。比如，你长得漂亮，你很聪明，你与对方见一面就可能吸引他的目光。也许你觉得这就足够了，事实上，只有经常出现在对方面前，你才能成为真正的赢家。

亲戚朋友之间也是如此，你多与他们往来，就能加深彼此的感情，否则就会慢慢疏远。我们常说"远亲不如近邻"，就是因为我们与亲戚不常见面，感情可能不如与经常见面的邻居深厚。

俗话说："脸熟胜过送礼。"每一次相见，每一次交流，都会使人际关系更近一步，双方的感情更深一步。你要想与人熟悉，建立起好人缘，就得与对方常联系、常见面、常沟通。要知道，人际关系的重点是，常见面胜过见面长。

朱容青和汪萍同为学生会干部。朱容青活泼开朗，平时爱说爱笑

169

很会交际，所以人缘很好。而汪萍性格内向，平时做事比较独立，比较自我，不太善于与人交际。

朱容青没事喜欢串宿舍，与系里的大多数同学都混得很熟。这样既有利于学生会工作的顺利开展，又能建立稳固的人际关系。汪萍则很少花时间去维护同学关系，很多同学都不知道她是谁。

毕业的时候，学校给了学生会一个留校名额，但需要同学们投票表决。汪萍这才想起搞人际关系，于是又宴请同学，又给老师送礼。相反，朱容青表现得很淡定。

最终结果可想而知，朱容青得到了留校的机会。但这都是她平时常与同学联系、见面，保持熟络的结果。

我们平时就要与别人常来往，而不要等到有求于人时才去拜访对方。常见面，感情就会积累到一定的程度——就算你不求对方，对方也会想着帮你。

在节假日，我们要主动去对方的家里拜访，为他送上特别的礼物。有时礼物是否合对方的心意也决定着你留给他的印象，所以，送礼物之前，你要先了解对方的喜好，做到投其所好。

我们也可以在节假日邀请对方一起去旅行，旅行地最好选择对方向往的地方——这样才能保证旅行的质量，加深你们的感情。

此外，对方遇到了困难，我们要热情地帮助他。这样，当你遇到了难处，对方也会帮助你。

总之，常见面是促进双方感情的最佳途径，常见面胜过见面长。

软肋效应：循序渐进，一击即中客户弱点

对销售人员来说，通常会针对什么样的客户去卖什么样的产品。

我们常说："好的开始就是成功的一半。"所以，你千万不要让客户一开始就对你产生警惕，否则你一张口，第一句话就决定了你失败的命运。

销售人员要对受众群体进行分析，抓住他们的弱点，比如有人喜欢便宜货，有人则喜欢高档货，甚至与己方便就行。因此，你一定要用自己的优势直击对方的弱点，这样成交的概率才会大。

何培在一家出版社做发行员，有一次，他向一家大型书店推销一套学习参考书。听了他的介绍后，书店的业务经理开口就要订2000套，但他并未因此而高兴得忘乎所以。

何培认为，这本书今后销售的好与坏会影响到出版社的声誉以及他本人的业绩考核，于是，他向书店的业务经理分析道："据了解，贵市需要此书的学校为15所，每所学校需要此书的学生为70～80人，每期可以学习3个月。因此，3个月内有1200套就够了。这既能保证

171

贵店的销售，又可避免积压，影响资金周转。"

业务经理听后，欣然同意了何培的提议。3个月后，1200套参考书果然销售一空。

相比其他发行员只求书店多订书，而不管库存积压与否，何培靠诚信赢得了客户。此后，他在这家书店享受了一项特殊的待遇——只要是他推荐的好书，书店照单全收，并且会及时结款。而其他发行员常常不是被退货，就是结款不及时。

武侠小说中，两个人交手时只要攻击对手的"命门"，就能达到一招制胜的效果。其实，这种方法也适应于推销工作。

王虹是一名办公用品推销员，每天提着包穿梭在城市的写字楼之间，一家一家公司地去推销产品、积累客户。这份工作一点都不容易干，王虹不但要面临被人从办公室轰出去的尴尬，还要面对百十来张名片发出去却石沉大海的事实。

一段时间后，王虹开始琢磨，怎么才能让自己的名片摆脱被对方随手扔进垃圾桶的厄运呢？

有一天下班，王虹看见路边上有一张对折的50元纸币，捡起来才发现这是一张小广告。她灵机一动，到银行兑换了200元的1元硬币，并把硬币粘贴在名片上。考虑到这种特殊名片成本较大，不能见到什么人都发，所以她筛选出一些目标客户，希望借此获得他们的注意。

还别说，这种特殊名片果然给王虹带来了好运。好几个老板看她的名片设计得很有趣，就打电话让王虹过来聊聊，这让王虹赢得了很多销售机会。

王虹的这种特殊名片，抓住了人们的好奇心理，吸引了大家的眼球。可见，想要在职场中赢得更多的机会，就要学会抓住客户的软肋。

很多销售员总是会发出这样的疑问：现在的客户怎么越来越难对付了，你费尽口舌，他们还是无动于衷，甚至有些销售员还会因为推销失败而诋毁客户。

但是，销售员首先要清楚的是，客户不是用来"对付"的，而是要诚心合作，从而达到双赢的。我们要摆正心态，不能认为销售就是简单地卖产品，完成业务量——以这样的心态工作，永远无法搞定客户。

其实，客户购买产品时还有其他原因，而这些原因通常是隐性的，需要销售员自己去挖掘。这不是人们常说的产品卖点，而是客户的"软肋"或者"破绽"——只要找出这两点，销售也就不难做了。

这主要有以下两种方法：

第一，避实就虚法。

这一方法应该运用在客户对产品没有表现出很大的兴趣，即使销售员费尽口舌，客户仍然不为所动的情况下。

此时，销售员应该避开销售这个"敏感话题"，转而与客户聊其他事，比如拉家常——但话题必须是客户感兴趣的。要想做到这些，就需要销售员掌握客户的一些信息，同时还需要掌握客户的心理。

另外，还有一种情况，那就是客户对产品感兴趣。对此，销售员

173

可以通过专业知识来帮助客户完成了解产品并最终实现购买行为。这也是一种避实就虚的方法。

第二，"围魏救赵"法。

"围魏救赵"是《三十六计》里的一招，原指战国时齐国用围攻魏国的方法迫使魏国撤回攻打赵国的军队，使赵国得救，后指袭击敌人后方的据点以迫使敌人撤退的战术。

这一招用在应对客户方面，要通过在客户身边的人身上下功夫来达到影响客户的目的。这是一种关系营造法，常常被用在公关营销上。

人们都重视家人，所以家人是能影响客户的重要因素。比如，我们可以给客户的孩子送学习文具，给客户的妻子送化妆品，给客户的父母送保健品，等等。当然，能影响到客户的具体因素还要根据具体情况而定。

最后，销售员要始终记住，客户永远最关心的还是产品能给自己带来什么好处。

▶ 细节效应：名片虽小，里面的学问可不少

很多人对名片有一种误解，觉得谈生意时才需要交换名片，其实

名片已经越来越成为一种社交工具——一张小小的名片可以将主人的个性风貌展现出来，甚至还可以从中看出一个人或一家企业的文化。

名片在商务交往中更是被频繁使用，它是一个人商业身份的说明，特别是在商务活动中，交换名片是相当普遍的事情。但是，很多人并不太清楚怎样去对待客户的名片。

李子睿是一家公司销售部的业务代表，他刚工作的时候，就因为对名片不够了解而吃了大亏。

有一天，李子睿打算拜访一位新客户，两个人约好在一家咖啡厅见面。在此之前，他做了大量的工作，想好了该怎么向客户介绍产品。

见面后，李子睿递上了自己的名片。出于礼貌，客户也回赠了一张名片。但李子睿顺手接过名片后，看也没看就放进了自己的口袋里——因为他急于要向客户介绍产品。

李子睿没有意识到自己对待客户名片的态度有什么不对劲，结果客户仅仅听了几分钟的产品介绍后，就推托有事而匆匆离去了。即使后来他又联系了对方，对方也不再理会他了。

这是因为，李子睿对待客户名片的态度让客户甚为不满——要知道，名片象征着一个人的身份，你不尊重名片就是不尊重客户本人。

所以，作为职场人士，我们有必要注意一下名片礼仪——对待客户的名片一定要慎重，接到后不能随随便便地装入口袋。

如果交流的双方对彼此都比较了解，那就不用一见面就急着给对方名片，而可以先直接进行交谈，在交谈结束后再给对方名片。如果有第三人在场，你应该在对方向你介绍过第三人后再递名片，也可以在交谈后交换名片。

递名片的时候，要说几句请别人照顾的客套话。如果对方回递名片，你也应该恭敬地用双手接过，并对着名片认真看一看，同时说一些恭维对方的好话。然后，将对方的名片放进你的公文包里——不能看也不看地直接装进衣袋，这是非常不尊重人的一种表现。

特别是在商务活动里，如果你是去迎接客户，而你们又是第一次见面，这时对方应该先主动给你递名片。相反，当你去拜访别人时，你也应该先递名片。

那么，具体到递交和接受名片上，我们应该在哪些方面注意呢？

一、向别人递交自己的名片。

在向别人递交自己的名片时，态度要恭敬，动作上也应该谨慎。一般情况下，有三种递交名片的方法：

1.双手的食指和大拇指分别夹住名片左右的两端，礼貌地将名片送上。名片的正方向要对着别人，以表示对对方的尊重，使对方接到名片时方便去看，不必再倒转；

2.将食指作弯曲状，与大拇指一起夹起名片，恭敬地送上。同样，名片的正方向要对着对方；

3.除拇指外，其他四指并拢，将名片放在手掌中心，并用大拇指夹住名片的一角，恭敬地送到对方面前。同样，名片的正方向要对着对方。

这是递交名片的常用方法。此外，递名片时不能用一只手随便递过去，这是不礼貌的，要切记。递名片时，用食指和中指夹着名片去递，这也是极其不礼貌的，就像拿手指指别人一样。因为，随意用手指人是对人的不尊重，同时还有挑衅的意思，会让人反感。

大家不要以为递名片是区区小事，并对此不以为然，它会直接影响到你与别人的交流结果。

二、接受别人送过来的名片。

名片代表了一个人的身份，所以接受别人递来的名片时一定不可傲慢无礼，否则就是对人的不尊重。通常，我们要注意以下几点：

1. 用双手接受别人的名片。如果你手里拿着东西，应该先把东西放到一边。实在腾不出两只手，你就要向别人说声抱歉；

2. 如果你一次性接到了多张名片，一定要对号入座，不能称呼错别人的名字，那样会很尴尬；

3. 有时对方会忘记给你名片，而你又很想得到，这时应该开口向对方索要。这会让你赢得对方的好感，因为你的行为恰恰表达了你对对方的关注。

▶ 平等效应：客户不分贵贱，每一位都是"上帝"

有些人比较势利，看到衣着考究的对方就迫切地想上前套近乎，好把对方立即变成自己的准客户。而对那些穿着一般的人就爱答不理的，心想："反正你也没钱买我的产品，别害我白费口舌。"

其实，每个人都是平等的，就算有的人确实不会带给你利益，但忽略或者怠慢对方会显得不礼貌。更何况，这年头，衣着的朴素或豪华并不代表一个人有没有实力。所以，我们要尊重每一位客户。

林灵下周要去参加一个商业聚会，就让蓓蓓陪她一起去买衣服。蓓蓓是个十分注意形象的人，出门一定要打扮得漂漂亮亮的，而林灵平时比较注重舒适，经常穿一身休闲装。她们俩站在一起，林灵未免有些相形见绌。

进到一家品牌店后，导购 A 马上迎了上来，热情地询问蓓蓓需要什么帮助。而导购 B 则走到林灵身边，微笑着对她说："美女，请问我能为您做点什么吗？"林灵告诉她自己需要一套职业套裙。

另一边的导购 A 不断地向蓓蓓介绍店里的新款，给她推荐一些流行服装并让她试穿。蓓蓓觉得导购 A 很势力，面无表情地说："我陪朋友来逛街，如果我有需要再叫你，好吗？"

听了这句话，导购 A 的脸色明显冷了下来，她退回到店门口，似乎是在等待新的客人。

最后，林灵买了一套女装，虽然蓓蓓什么都没有买，但是导购 B 依然热情地招待着她，并送她们到了店门口，还说下个月有新款上架，到时可以来试穿并有折扣赠送。

客户没有高低贵贱之分，不管他是什么身份，我们都必须给予尊重，切忌戴着有色眼镜去看人。即使他现在没有购买能力，不能成为我们真正的客户，我们也应像对待其他客户一样对待，要把他们变成潜力股。

小欧之前在某奢侈品牌店里当导购，她坦言，对于鉴别走进店里的客户是否会消费——不消费是真的有原因，还是嫌贵找借口，其实有经验的导购心里都清楚。虽然如此，导购在接受培训时，培训师还是明确地告诉他们：导购的职责不只是推销产品，还包括介绍品牌文化和历史。

有一次，小欧遇到一对年轻情侣，从穿着打扮来看，他们应该是经济条件有限的大学生。他们在店门口犹豫了一会儿才走进来，看着摆在展台上的包包，女孩子想摸摸但又有点不好意思。

小欧注意到后，就走到他们面前询问需不需要帮助。

女孩子看了一眼包包的价签，有些不好意思地说："这款包包的价格有些高，我们买不起。"

小欧微笑着说："没关系，你喜欢哪款我拿给你试背，不买没关系的。"然后，她花了10分钟给女孩子介绍了一些品牌知识，让女孩子试背了喜欢的包包。

小欧说，虽然这对情侣当时没有消费，但给他们提供平等的服务并不影响她的销售业绩。他们暂时没有消费能力，但并不代表以后也没有。

平等地对待每个来访的客户，这是作为接待人员最起码的素质。

▶ 人情效应：帮助别人等于积攒自己的人脉

一个人不去帮助别人，难以积攒下人情。如果你的"人情银行"里没有储蓄，那么你很难取款救急。现在就不如提早做好打算，储蓄人情——这就是说，帮助别人其实是在帮助自己。

要想在商场竞争中生存下去，就要扩大自己的人脉圈，就要先学会真诚待人——如果你能拿出自己最大的诚意来，那么你将能得到别人最大的回报。所以，看到对方有困难，你一定要尽力去帮——如果你能为对方雪中送炭，那么他会牢记一生。

帮助别人是一种快乐，也许你未必能够及时得到对方的回报，至少当时你得到了他的那份感激。总之，我们帮助别人也是在帮助自己。

此外，我们还要记住：当你得意时，对方能与你在一起，那并不一定是真朋友；但当你失意时，对方还能继续陪在你身边，那就是真朋友，值得一生相交。

电视剧《虎妈猫爸》中，毕胜男在弱肉强食的职场中夺得一席之地，坐上了总监的位置。她手下有个叫黄俐的实习生，名牌大学毕业，性格好强，一心想超越毕胜男。

黄俐到公司报道那天送给毕胜男一瓶迪奥香水，可没想到的是，毕胜男是个做实事的人，根本不吃这一套，还教训了她一顿。

有一次，黄俐在办公室听见毕胜男跟伍姐聊天，说起自己的糟心事——原来毕胜男一心想让女儿去第一小学上学，可她害怕女儿考不上，就跟伍姐打听认不认识人。

黄俐认识第一小学的教导主任，就凑过来说自己能帮上忙。毕胜男一听特别高兴，从此对黄俐特别好，介绍她认识自己的客户，给她总结职场经验。可后来黄俐听说老板的儿子也想上第一小学，她就调转枪头去帮助老板了。

毕胜男知道这是无可奈何的事，就让女儿晚上一年学，在家里复习功课，为来年的应考做准备。

自从黄俐帮老板搞定了孩子上学的事，老板就对她特别器重，把一些重要项目都交给她去做。可是黄俐并不满足，她想要得到毕胜男的位置，而捷径就是用手段把毕胜男拉下马。

黄俐很聪明，她挑拨老板和毕胜男的关系，让老板对毕胜男心生不满。虽然毕胜男识破了黄俐的阴谋，但是感觉公公婆婆太溺爱孙女这事并不好，所以她决定辞职回家好好教育女儿。

一年后，毕胜男的女儿如愿考上第一小学，她也重新找了一份工作。可是冤家路窄，在跟一家饮品公司合作时，毕胜男居然再次被黄俐诬陷，公司让毕胜男停职反省。在这段时间里，毕胜男想办法去查饮品公司的账，终于查到了糊涂账源头——是黄俐做了手脚。

毕胜男觉得很失望，她觉得自己就像《农夫和蛇》里的农夫，而黄俐就是那条忘恩负义的毒蛇，所以她决定举报黄俐，让她接受应有的惩罚。可是，当她发现黄俐怀孕后，毕胜男心软了，再次饶了黄俐。

一年多后，毕胜男和杜峰辞职合作创业有机蔬菜。由于事业刚刚起步，他们缺乏一个扩展市场的能手。这时，毕胜男想到了黄俐——虽然黄俐两次陷害了自己，但是她的确有实力。于是，毕胜男向黄俐抛出了橄榄枝，不但给了她合理的薪资，还不要求坐班，让她有时间照顾孩子。

黄俐非常感动，她为自己之前的行为感到愧疚，并在以后的日子里竭尽全力地帮助毕胜男。很快，有机蔬菜打开了市场，公司效益也有了明显的提高。

做好事能够让你受益无穷，这个故事就是最好的例证。所以，帮助别人就等于是在给自己拓竞人生道路，为自己积攒人脉。

好人有好报。在这个世界上，怀抱感恩之心的人还是占多数，别人得到了你的帮助，就会记住你的恩情，当你陷入困境的时候就会得到他们的帮助。

▶ 近情效应：商场社交，跟谁都得多亲近

在商场社交中，人们往往抱着这样一种心理，即：对于与自己有相同之处的人，人们更乐于接近。所以，寻找并利用与对方的共同之处是拉近彼此距离的捷径，也是最有效的方式。这是因为，这些共同之处会使我们与对方有共同话题，因此他就会更信赖你，更亲近你。

此外，因为有着共同之处，对方很可能还会成为与你无话不谈的朋友。

杨莉是一家建筑公司的老板，也是商场社交中的高手。有一次，公司打算参加一个工程项目的招标会。通过关系，她打听到了负责这个项目的王先生。于是，她就一次次地去找王先生，然而每一次都吃了闭门羹。

杨莉信佛，有一次她去寺里上香时，正好看到王先生也在拜佛，原来他也信佛。

过了几天，杨莉得知另一位实力更雄厚的竞标对手刘老板把王先生请了出来，正在赶往饭店的路上，她便带着助理以最快的速度也去了那家饭店。

到了饭店的大堂，杨莉佯装也是来吃饭的，于是制造了与王先生和刘老板的"偶遇"。她谎称没有订到位子，希望能与王先生和刘老板共进午餐，他们没有拒绝她的请求。

上菜后，由于刘老板点了很多荤菜，王先生迟迟没有动筷子。这时，杨莉明白了缘由，就说："刘老板真是一番盛情，可是王先生和我都信佛，初一、十五要吃斋的。今天是十五，真是不能破戒呀！"

王先生很惊喜，忙问："杨老板也信佛吗？真是缘分呀。"

杨莉聪明地把手腕上戴的佛珠露出来，接着说："家母是信佛的，受她的影响，我也信佛。"

因为饭店不允许无故退菜，杨莉接着说道："王先生，我知道有一家素食斋不错，现在我就打电话订位子，要不您跟我一起去吧。"

王先生当然乐意前往，便欣然答应了。

刘老板这才看出，原来杨莉早有准备，可现在王先生去意已决，自己只好吃哑巴亏。

后来，因为有共同信仰，杨莉与王先生在素食斋谈得很投机，关系也拉近了许多。再后来，但凡是杨莉的邀请，王先生都没有拒绝过。最终，杨莉的公司在竞标中夺了标。

杨莉正是因为发现了自己与王先生的共同之处，并加以利用，才得到了王先生的信赖，从而达到了自己竞标的目的。可见，与人交往时，当你使用了寻找"共同之处"的办法后，会很容易与对方拉近距离，得到意想不到的效果。

　　对对方来说，当一旦看到你与他的共同之处，他就会很愿意跟你交流，你可能会在很短的时间内就能成为他的朋友，甚至他会把你引为知己。因为，你们在交流中会产生情感的共鸣。

　　但是，如果你与对方没有共同之处该怎么办呢？

　　其实，所谓的共同之处，你可以"制造"出来。也就是说，当对方把你看成"自己人"的时候，为了这份情感，你应该培养自己与他的共同之处——这样你才不会枉费别人对你的信任。

　　但是，你最好不要牵强，而要让对方意识到你与他的共同点是自然的巧合。这样一来，你们之间就共同点的探讨是有价值的，能让对方看到你的内涵与底蕴。在共同点上，你独特的魅力也许还能深深地吸引他。

　　在交往中找共同之处，首先要做的是通过周围的人打听对方的兴趣爱好，以便提前做"研究"。

　　宁欣是售楼小姐。偶然结识了一位潜在客户，客户对小型别墅很感兴趣。

　　宁欣意识到这位客户有钱且品位极高，她就极力地向客户推荐小型别墅，虽然她给客户留了名片，可是客户一直没有回复。

经过多方打听，宁欣得知这位客户酷爱网球。她就了解了一些网球知识，并报了网球速成班。学得差不多了以后，她就给那位客户打电话，告诉他"无意间发现一家环境特别好的网球场"，还透露自己的网球打得也不错。

接着，一个周末，那位客户打来电话，约宁欣去打网球。原来，他的球友出国了，这时他就想起了宁欣。最终，在打了一段时间的网球后，客户主动跟宁欣签了购房合同。

可见，在交际中，你要多留心对方的一些生活和工作习惯，注意了解他的兴趣爱好，从中寻找你与他的共同之处。你也可以通过观察对方的打扮、表情、行为举止判断他的个性，还可以跟他探讨日常生活问题甚至人生问题等。

总之，经过精细的观察、探讨，你就会寻找到你们的共同之处。一旦有了共同之处，你可以与对方拉近距离，从而达成你的交际目的。

Part 9：

饭局里的智慧，原来吃饭并不那么简单

饭局是个交流平台，很多事都能吃着谈

没学会打招呼，也就没必要组织饭局

酒可以少喝，但该说的话却不能少说

让别人印象深刻，就要吃的有"特色"

同事间的饭局，也并非想象中的随意

饭局有始要有终，收局跟开局同样重要

▶ 饭局是个交流平台，很多事都能吃着谈

大家都喜欢坐着谈事情，因为坐下来后，身体自然就会处于放松状态，神经就不会像平常一样绷得紧紧的，那么所有问题自然就好谈了。

而坐着谈话的最好方式，一般是边吃边谈。这是因为，吃饭是一件令人愉悦的事情，不但能让你的身体得到满足，更能让你的心理感到轻松。那么，接下来无论谈什么事情，大家都是在身心愉悦的状态下进行的，其结果可想而知。

但这也要有一定的技巧，不是想说什么都可以的。试想：当年的"鸿门宴"，项羽如果在刘邦刚坐下来后就直奔主题，恶狠狠地说："无论怎样，今天吃完这顿饭，我就会杀了你！"那刘邦哪里还敢坐着吃饭？所以，即便是项羽那么强横的一个人，也是在酒过三巡、菜过五味后才慢慢切入正题的。

其实，每一个久经"饭局"的人都知道，饭局只是一个交流的平台，觥筹交错之间，不外乎求人办事、签合同等……所以，饭局不过是大家彼此认识与沟通的过程。

王丽丽是某公司市场部的职员，她这个人深知人情世故。在她看来，每天的午餐都能吃出各种门道。

　　一般而言，一家公司最为紧密的两个部门就是市场部和客服部了。但是，王丽丽所在的公司里，这两个部门的同事即便私交再好也不会在一起吃饭。因为，两个部门的领导曾发生过不愉快。

　　一个月前，公司决定从这两个部门里挑选一名优秀员工出国培训——大家都知道，海归后就有可能成为公司高管，于是大家为此绞尽脑汁地表现着自己。

　　聪明的王丽丽并没有像同事们一样在提升业务水平上做文章，而是依照老板的心思，分析出他需要有能力的人，更需要有管理能力的人，于是她便开始了"饭局计划"。

　　午餐时间，王丽丽经常邀请市场部经理一起吃饭，以便了解他的近况。下班后，她又秘密地邀请客服部经理先后参加了几轮饭局。

　　至此，王丽丽了解了这两个部门领导之间曾发生的矛盾，而且从他们的口中得知，其实他们早就想和好了，毕竟同在一家公司，是两个联系紧密的重要部门，如果关系一直这么僵的话，其中一人早晚会被炒鱿鱼。

　　接着，在一个周五晚上，王丽丽以她过生日为名分别邀请了市场部经理和客服部经理参加了自己精心策划的饭局。席间，王丽丽故意装作喝醉了酒卖傻，让两个部门经理"一杯（酒）泯恩仇"。

　　结果，后来老板便宣布王丽丽成为出国培训的员工。因为，市场部经理和客服部经理都给老板推荐了王丽丽。可见，做管理者具备能力是一方面，而协调好同事关系则更为重要——王丽丽就是这样一名员工。

王丽丽知道，"饭"代表了自己的生存质量，而"局"可以决定一个人的发展前景。

在交际中，饭局绝对不只是吃吃喝喝那么简单，"吃饭事小，出局事大"。首先我们要明白，某些饭局不能随便参加，以防被人利用。

例如，像王丽丽一样，如果在两个部门领导关系僵硬之时，市场部经理把她当朋友，而客服部经理邀请她参加饭局，如果她轻易赴局的话，会在不经意间得罪市场部经理。所以，她一开始才会选择秘密地邀请客服部经理参加饭局。

▶ 没学会打招呼，也就没必要组织饭局

打招呼是一门必修课。与人相见，不管是熟人也好，陌生人也罢，你都应该跟对方打招呼，而如果对方主动跟你打招呼，那自己更要给予积极的回应。

要知道，你问候别人是在表达对对方的尊重，是一种生活礼仪。而对方问候你，更是在向你主动示好——如果你不回应，是相当失礼的表现。

王蕊今天很高兴，因为她约了很久的陈老板终于答应出来跟她吃饭了。对销售员来说，只要客户肯跟自己一起吃饭，那谈生意基本上是十拿九稳了。

见到陈老板后，王蕊一下子就冲了过去，几乎贴着对方的脸说："嗨，陈老板好！"但让她意外的是，对方明显地往后退了一步。

看着陈老板微微皱起了眉头，王蕊意识到自己刚才的举动出了问题，于是马上道歉，并解释说自己太过激动了。

陈老板依旧眉头微皱，没多大反应。但好在他没有转身走人，王蕊就马上请他入座，开始跟他攀谈了起来。尽管王蕊很努力地去捕捉陈老板的兴趣点，但他一直兴味索然，对王蕊爱答不理的。

突然，王蕊看见自己的闺密出现在饭店门口，她立马高兴地挥动双手，叫了两声闺密的名字。闺密走过来后，王蕊正打算招呼她一起坐下，这时才猛然意识到客户正坐在自己对面呢！

此刻，陈老板眉头紧皱，拧成了一个"川"字。不等王蕊开口解释，他已经先表示自己还有点事要去处理，说生意可以下次再谈。

见对方去意已决，王蕊只能悻悻地送他走出餐厅，并为自己频频出错懊恼不已。

王蕊未必不知礼仪，但她最大的失误就是没把打招呼这样的细节放在眼里。其实，打招呼虽然是一个很短暂的过程，但是能从中看出许多门道。

那么，跟人打招呼的时候到底应该注意哪些问题呢？

首先，要注意距离。

这一点许多人都会忽略，王蕊就是在这一点上出现了失误。每个人都有自己的安全距离，一旦被陌生人靠近就会顿生反感。所以，我们在与客户、新认识的朋友打招呼时，需要保持一定的距离。

不过，这也不是说距离越远越好——如果太远，打招呼就不方便了。想想，你要是远距离地跟一个人打招呼，使全场侧目，这是对他人的一种干扰。这样的话，一开始就是一种失礼。

其次，打招呼的方式要根据对象而定。

跟陌生人初次见面，打招呼要合乎礼仪，问好和示好都是必要的。而且，与对方的眼神交流应真诚而短暂，切忌目光躲闪或者长时间盯着对方，那会让人产生反感。

跟熟人打招呼，可以不用那么拘谨，寒暄就能让对方感受亲切，但切忌因为与对方熟识就肆无忌惮地乱说话。而且，如果对方是长辈，那就理应自己先问候对方，而不是等着对方问候自己。同时，男性应该先问候女性，以示自己的风度。

再次，要根据情境和场合而定。

就拿王蕊会见客户来说吧。与他人谈话时，如果碰到自己的朋友或同事，并想跟他们打招呼，这时一定要先征求谈话对象的意见，以示对对方的尊重。

你可以真诚地说："不好意思，我看到一位朋友，你介意我跟他打个招呼吗？"记住，切不可当着谈话对象的面鲁莽地直接跟他人对话，因为这会给对方留下不懂礼节的负面印象。

最后，并不是每次看见熟人都要很正式地跟对方打招呼。

比如说同事或者在同一家餐厅吃饭的朋友，短时间内你会多次遇见对方——如果每次见面都要正式地跟对方说"你好"，那会让对方和自己都觉得麻烦。

所以，第一次遇见对方时正式地打过招呼后，再次遇见时只要相视微笑、点头或者摆手就行了——这对双方来说都是一种便利。

见到什么人，就该用什么方式打招呼，这不仅仅需要动嘴，更多的时候需要动脑子，不然你很可能失去本应属于你的机会。

▶ 酒可以少喝，但该说的话却不能少说

请客吃饭只是一个手段，要谈的事情才是目的，也就是所谓的"正事"。

有些人信奉"此时无声胜有声"的境界，认为正事对自己跟客户来说都心知肚明，所以从入席到离席一点也没有提及。

有些客户是老客户，你不说正事，他心里记着呢；但有些客户是新客户，你不说正事，他也不好意思提醒你——这样到最后饭都吃完了，对方有可能还不知道你为什么要请他吃这顿饭，这就是你的失误了。

人们常说未雨绸缪，因为机遇总是青睐那些有准备的人。不管是老客户还是新客户，请客吃饭之前，对我们自己要做的"正事"，心里一定要有个准备。

所罗门在印度经营一家玻璃店，近期他的店里新进了一批强化玻璃，这种玻璃的材质非常特殊——比市面上的玻璃还要坚固，通常用在高楼大厦上。

刚开始的时候，这种玻璃的生意并不好做，因为人们对它的特点、优势几乎一无所知。后来，经过多方调查分析，所罗门决定举办一场晚宴来招待合作的商家，借此让商家了解这种玻璃的其他用途。

晚宴进行得很顺利，大家也吃得很开心。当大家吃完最后一道菜，觉得晚宴该结束的时候，有人忍不住问办这场晚宴到底是为了什么，因为所罗门对此一直在保密。

当大家都议论纷纷的时候，所罗门让服务员为每人准备了一把小锤子。众人正不知所措，这时，有个孩子一时调皮，拿起锤子砸向了眼前的玻璃桌子。只听"咣当"一声，众人惊呆了。

大家正想着预料中的惨剧该怎么收场时，却发现玻璃桌子丝毫没有受损。人们都愣住了，有些人不敢相信地试着拿起锤子敲击桌面。

奇迹在这一刻发生了，叮叮当当的声音成为这场晚宴美妙的结束曲。

所罗门一开始没说正事，只是当晚宴将要结束的时候才突然给大家带来了视觉和听觉的双重震撼——让大家在好奇心的驱使下自己去了解真相，可谓"无声胜有声"。

两天前曹丹对我吐槽，说很长时间不联系的老同学约她一起吃饭。原本曹丹觉得老同学找她是联络感情，就按照约定时间去赴约了。走进包间后她才知道，除了老同学以外还有两个不认识的人。

老同学非常热情地跟两个朋友介绍了曹丹，夸她是职场精英。曹丹有点摸不着头脑，就跟他们随便聊开了。

菜还没上全，老同学就开口了："曹丹，实不相瞒，今天约你见面还真是有事相求。我听说，你们公司打算跟××公司合作研发一款功能饮料，你看能不能跟上边说说，跟我朋友的公司合作，一旦事成咱们都有好处……"

曹丹一下子就明白了老同学的用意，本来介绍合作对象是件好事，可老同学的做事方式让她很烦。于是，她放下筷子说："你看，我原以为你是来找我吃饭的，既然今天是谈公事，那就改天再约吧。"

老同学听后着急地说："你这话说的，别改天再约啊。我哥们也在这儿，你就跟他们谈谈呗！"此话一出，曹丹就更生气了，直言说：

"如果对方有意向可以亲自到公司去谈合作。"说完她就离席走了。

所以说，我们不能在饭局一开始就把正事挂在嘴边，那会让来人如坐针毡。当然，等到饭局将要结束时你才宣布正事，也会让受邀之人产生被"胁迫"感，这同样不妥。

你该怎么说正事，在什么时候说正事，里面是大有学问的。但是，最重要的是你要事先有所准备，不能临时抱佛脚。还是那句话，请客吃饭是手段，谈正事才是目的，为达目的不择"手段"，这才是你要考虑的问题。

▶ 让别人印象深刻，就要吃的有"特色"

跟客户沟通交流少不了宴请，请客户吃饭前要先摸清客户的品位，这样才能有效果。如果饭店的档次太高，会在无形中给客户造成压力——让他觉得"吃人家的嘴软"，这样吃起来肯定不会踏实；饭店的档次太低，会让他觉得自己在你心中不重要，那生意就很难谈了。

一般而言，请客户吃饭应本着这个原则：舒适、简约又不失"特别"。这里所说的"特别"，指的是你选地方、点菜能够"画龙点睛"。

何谓"画龙点睛"？闹市之中的幽静之处，大鱼大肉之中的清爽小菜，都算是"点睛之笔"。也就是说，在客户意想不到的地方吃一顿他意想不到的可口饭菜，这才是成功的关键。

其实，我们也可以把选择权交给客户，他所期望的档次自己会选择。如果客户把问题推给你，让你来选择，这时候就得靠个人来发挥了。要注意，优雅的饮食环境始终是请客户吃饭的首选。

李司所在的公司附近新开了一家客家珍味馆，去吃过的同事都说味道很不错，而且环境也很优雅。

李司最近打算请一位客户吃饭，而在了解到那位客户是客家人后，就想到了这家新开的菜馆，为此他还亲自去考察了一下——结果发现确实不错，不但环境优雅、菜品味道好，而且那里还有专门的品茶区，吃完饭后小坐一下非常惬意。

在请客户吃饭的时候，由于一直在担心手里的单子，李司没怎么顾得上照顾客户。还好，客户对这里的饭菜十分满意，吃完饭去喝茶，对茶也是赞不绝口。李司一颗悬着的心这才慢慢地放了下来。

过了几天，客户爽快地签了合同。李司很高兴，暗想：以前都是请客户吃日本料理，没想到突发奇想了一次，不但少花费了一半，连合同都签得很顺利。看来，请客户吃饭一定要找对地方。

这个故事告诉我们一个道理："山不在高，有仙则名。水不在深，有龙则灵。"有时候，一点小特色比那些大手笔更能得到人们的青睐。

请客吃饭也是这个道理。客户不是没见过世面，他们可能就是不曾体会过那种身在闹市却仿若心在幽林之中的境界，不曾体会过身在异乡却仿若内心回到了故乡的味道。所以，请客吃饭要摸清对方的品位，请出"特色"来才会事半功倍。

▶ 同事间的饭局，也并非想象中的随意

每天的工作繁忙且辛苦，下班后约上几位同事一起去吃饭，在饭桌上各自吐一下苦水，也不失为一种解压办法。但同事终究不是亲朋好友，彼此间还有利益冲突，那么，我们吃饭时就该有所注意话头，不能无话不谈。

如果碰到同事请客吃饭，就算他没说理由，你也千万别傻乎乎地就去赴约。你要先了解一下对方请客的原因，以免自己失礼，然后不妨备份礼物，或者事先与其他同事沟通一下。

王美凤刚来公司一个多月，在后勤部门工作，人缘不错。有一个周末下班时，人事部主管张仲说明天中午请客，还说会带上自己交往多年但从未露过面的女朋友。王美凤本以为他说着玩呢，但第二天上

午同事联系后发现是真的，最后还是去了。

吃饭的地方是一家高级餐厅，王美凤穿一身休闲装早早就到场了，没想到其他同事一个个的都精心打扮过，弄得她一下子脸红了。

饭吃到了一半，张仲搂着女朋友站起来，说今天其实是他俩订婚的日子，所以就想请部门同事聚一下。

大家听了，一齐鼓掌祝贺，并纷纷拿出了自己或者凑份子买的礼物送给了张仲。此刻，王美凤想找个地缝钻进去——可以想象，两手空空的她处境是多么尴尬。

后来，王美凤责问大家为什么不事先说一声，大家就说她头脑简单，怎么不想想主管请客吃饭的原因。也是，谁会平白无故地请客吃饭呢？

当然，不是每次同事请客吃饭都会有什么特别的理由，不过就算是随便聚聚，也不要小瞧了礼节问题。

比如，有的人在吃饭的时候喜欢开玩笑，以活跃气氛。善意且有分寸的玩笑当然很好，因为能让人放松，但是切记，凡事都有度，玩笑要是开过了就会让听者不舒服，那就招人嫌了。

开玩笑时，你一定要把握好以下几方面：

首先，要了解开玩笑的对象。

跟你关系好的，而且懂你幽默的人，对他们开玩笑，对方会一笑了之。但有些人就是严肃、敏感，与这种人在一起时，开玩笑最好不要涉及他们的敏感点。还有一点，切忌开领导的玩笑，开了玩笑的话也许后果不堪设想。

其次，要注意开玩笑的内容。

同一个对象，开玩笑的内容不同，对方的反应也会不同。每个人都有自己的尊严，而每件事在每个人身上的体现也不同。所以，你觉得一个玩笑无伤大雅，但对方觉得他受到了侮辱，最后的结果只会是一拍两散。

再次，你要清楚自己开玩笑的目的。

开玩笑只是为了活跃现场的气氛而已，你的玩笑最好不要涉及别人的脸面问题，更不可拿别人的生理缺陷来调侃，尤其在女性面前不能乱说话。如果你的目的不纯，最后只能自取其辱。

最后，玩笑千万不可涉及隐私。

有些人喜欢在茶余饭后聊八卦，调侃别人的隐私，并把这当成生活的乐趣。这是万万不可取的，因为大家都反感这种爱谈论他人隐私的"八卦王"。

朋友是一家公司的老总，那天我去参加他公司的周年庆。在聚会上，他的秘书也在陪同，但是，因为酒稍微喝多了一些，那秘书的话也就多了起来。后来，她竟然开始扬扬得意地说起了老总与公司一位部门经理的婚外情，让老总的形象瞬间崩塌。

事后不久，我再见朋友的时候，发现他的秘书已不是上次那位爱八卦的女士了。

很多同事之间关系融洽，但这并不意味着你跟谁都可以敞开心扉地聊天，更不意味着你可以拿别人的隐私来作为聊天的话题。所以，当你与同事一起吃饭的时候，千万要注意以上这些礼节，这样会让你的同事关系更融洽。

▶ 饭局有始要有终，收局跟开局同样重要

天下没有不散的筵席，有开场自然就有收场。中国人讲究尽善尽美，做一件事情需要好的开头，更需要漂亮的收尾，如此才称得上功德圆满。

如果我们在开局和过程中已经耗费了大量心力，什么都做到了尽善尽美，最后却坏在了收局上，那先前所有的努力就都付诸东流了。所以，对待收局我们一定要慎重再慎重。

收局为什么那么重要呢？

这是因为，在你所谈的正事尚未一锤定音的时候，如果急躁了，则可能让"煮熟的鸭子飞了"；如果慢了，则可能是"黄花菜都凉了"。所以，我们争取要做到像开局那样不急不躁，以便游刃有余地完美收局。

诀窍就是细节。细节是魔鬼，因为它往往喜欢隐藏在人们背后，

特别是在你即将成功前让你功败垂成。不会收局的人，就算在开局占尽先机，过程中又出尽风头，仍免不了到最后被淘汰出局的厄运。

曾经有一位围棋天才，他前五十手堪称天下无敌，中盘也能做到攻守兼备，滴水不漏，但每每在最后的收官阶段被人屠掉大龙（围棋术语，指被吃掉一大块子），功败垂成。后来，他苦心钻研数年，终于达到炉火纯青的境界，在国际大赛中所向披靡。为什么？因为，他的收官阶段练就得堪称完美——别人就算在布局、中盘占尽先机，最后往往会被他一举战胜。

他就是有着"石佛"之称的韩国棋手李昌镐。

可见，收局做得好，不但可以弥补开局和中盘的不足，有时还能使事情发生逆转，向着有利于你的一面发展。

赵东雷是一家水产零售店的老板，他希望每日能从一位大批发商杨老板那里进购当下销售正旺的海鲜，于是就请杨老板在自己专门供货的一家鲜鱼馆吃饭。

杨老板认为赵东雷的实力不行，而且又是分期付款，有点信不过他，要求他先交足50%以上的预付款。但赵东雷一时拿不出这么多钱来。

海鲜是时鲜产品，过了销售旺季行情可能会变。赵东雷要想趁机多赚一笔，就得抓住机会，但对于刚入行不久且缺乏货源的他来说，这的确很难。

赵东雷费尽口舌也没能兑动杨老板给他优惠条件，但在他后来去结账的时候，鲜鱼馆老板死活不肯收他的钱，这让杨老板看得一头雾水："饭店怎么有钱都不赚？"

事情在此也就有了转机。原来，赵东雷是这家鲜鱼馆的供货商，他不但供货及时，每笔账也算得清清楚楚。鲜鱼馆老板觉得跟他合作很实在，所以他在这里消费不多一般不收钱，消费多了也就收个成本价。

杨老板了解了这些事情后，从侧面看到了赵东雷的人品，所以一回去就直接找他签了合同，而且只收了20%的预付款。

赵东雷请大批发商吃饭，虽然刚开始谈得不顺，但在最后的收局阶段出现了逆转——不但成功地取得了大批发商的信任，更把这单生意给做成功了，可以说是大获全胜。

收局想要做得完美，需要一些细节来做铺垫。在饭局中，我们除了要顾及对方的感受外，更要注意现场气氛：快了，事情谈不完；慢了，对方又觉得你啰里啰唆，不够果断。

总之，饭局越是到最后，越是不能急功近利。把握住节奏，收局时定音的一锤才能够砸得响亮，砸得干脆，砸得完美。

Part 10:

谈判会场，双赢才是最好的选择

多站在对方的角度，赢面会更大一些

谈判开始前，寒暄的话语有奥妙

不要把拒绝的话说得太绝

没到签约时，谈判不算结束

谈判结束后，记得向对手表示祝贺

谈判的目的是双赢

离开象牙塔，就要懂社会礼仪

▶ 多站在对方的角度，赢面会更大一些

在与人沟通，尤其是在谈判中想要说服对方接受我们的观点时，我们无论是苦口婆心，还是"威逼利诱"，都不如换位思考来得直接、有效。只有站在对方的立场上去考虑问题，才能让他心甘情愿地被说服，这就是换位思考的力量。

昨天下班后，我和肖阳、魏薇结伴去公交车站。路过水果店的时候，肖阳去里面看了看，他看西瓜挺新鲜的，就问老板多少钱一斤。

老板说，4.6 元一斤。肖阳故作惊讶地说："哎呀，你们家怎么这么贵啊，现在都入夏了，别人家都卖 2 元一斤！"

老板生气地说："不爱买就算了，你上别人家买去！"

肖阳觉得面子有点过不去，出来后就跟我们说，这是一家黑店，乱涨价。

魏薇平时不爱评价别人，就劝肖阳说，既然水果店老板不会做生意，就去别家买吧。但我觉得肖阳这事做得也不体面，就对他说："肖阳，平时我都不爱反驳你的，不过这件事我倒是有别的看法。"

肖阳问我什么意思，于是，我对他说："要是你去买东西，老板本该找你 5.5 元的零钱，但只找给你 5 元，你乐意吗？"

"哪儿有这种老板啊！我怎么可能同意！"肖阳当然不乐意了。

我继续说："如果你觉得价钱贵了，可以跟他好好说说，讲价不成可以换一家店，不用诋毁别人呀。"

肖阳沉默了几秒钟后，说自己确实忽略了老板的感受，如果他是水果店老板，遇到这样的顾客估计也会不高兴的。

沟通时如果双方都能换位思考，那最好不过了。可是，一般情况下，大家都只会为自己着想，会想"对方应该怎么做"，而不是"自己应该怎么做"。如果双方都这么坚持，必然会让谈判陷入僵局。

这时候，假如有一方能说类似于"我们重新核算了一下贵公司的运营成本，考虑到你们的盈利情况，我们可以适当地调整报价"这样的话，那么就可能轻而易举地打破僵局。

任何一个具有战略眼光的谈判者都知道，谈判时决不能太贪心，妄想拿走谈判桌上的最后一分钱。也许你会觉得这是一场大胜仗，但对方若也有同感，就会认为这是一场大败仗，那你觉得你们还会合作顺利吗？

有一句名言是：谈判桌上的最后一分钱，是最昂贵的。每一个谈判高手都懂得利用甚至牺牲掉这最后一分钱，让对方觉得他才是赢家。这样，你的目的达到了，对方也觉得很成功。这才是双赢的局面。

此外，在谈判过程中，切忌仓促成交，否则会让对方产生上当受骗的心理。

王小米是一个手机配件批发商，她经常在网上、实体店推销商品。不过她是一个急性子的人，有一回，她懒得去跟合作了两次的新客户讨价还价，心想：这个微商都从自己这里拿了好几回货了，就给他最低进货价吧。

她打电话给这个微商，说："这次咱俩都痛快一点，也别讨价还价了，就从我的要价和你的出价里折中吧！"

微商觉得这事有点蹊跷，没有立马答应。王小米以为对方默许了，继续说："你放心吧，这个价格你绝对有的赚！"

王小米这回的报价特公道，比他们以往的成交价都低，她觉得微商肯定很高兴，以后能建立起长久的合作关系。可令人意外的是，微商竟然拒绝了她，她惊异地问："你为什么不进货了？这可比上次的价格优惠了不少呢。"

微商说："咱们都是做买卖的，嘴里说着最低价格、绝对优惠，实际上这里面有多少水分，你比我更清楚。"微商表示，如果想让他进货，王小米的报价必须再低三成。

王小米哭丧着脸说："这个价格比进价还低咧！"可微商就是不相信，他们的合作也终止了。

在谈判过程中，切忌仓促达成交易。如果你像王小米一样为了省去麻烦，实诚地给出一口价，对方不免会思考：这里面究竟有什么名堂，是这次的商品质量不好，还是以往给出的价格有很多水分？所以，要价还价是谈判最好的选择。

▶ 谈判开始前，寒暄的话语有奥妙

在谈判开始前，谈判高手会先跟对手寒暄一番，以此来探测对手的底细，找到对手的弱点，然后利用这些信息在谈判桌上打败对手，为自己争取更多的利益。

面对这些人，你一定要小心说话，以免失去先机。

在实际谈判中，很多经验不足的谈判员容易犯这样的错误：当对手表现得非常友好，找机会跟他们寒暄时，他们往往会放松戒备，在不知不觉间把重要信息透露给对方。

日本松下电器创始人松下幸之助刚出道时就曾犯过这样的错误。

那是松下幸之助第一次到东京，接待他的批发商在开始谈判前，非常友善地跟他寒暄："我们是第一次打交道吧？以前好像没有见过你。"

听对方这么友好地对自己说话，松下幸之助立即也友善地回答：

"您说得没错，我第一次来东京，希望您多多指教。"

批发商又问："你准备以什么价格出售你们的产品？"

松下幸之助仍然非常老实地回答："产品的成本价是 20 美元，我准备卖 25 美元。"

批发商说："你初次来东京做生意，刚开始时应该秉承薄利多销的原则，产品要卖得便宜一些。我看每件产品就先 20 美元供货，等打开市场了再说，怎么样？"

为了完成交易，松下幸之助只能吃亏答应了对方的要求。

案例中的批发商可谓是谈判高手，他在没有正式谈判前就通过寒暄套出了很多有用的信息。

比如，他先试探地说"我们好像是第一次打交道"，是想探知松下幸之助是生意场上的新手还是老手。而松下幸之助并未意识到这一点，因此很老实地"出卖"了自己——"我第一次来东京"。这样的诚实、谦虚和礼貌恰恰透露出重要的信息：我初来东京，没有做生意的经验。

如果就此打住也罢了，可是松下幸之助依然没有提高警惕，而是在对方问价格时又老实地说出"成本价是 20 美元""准备卖 25 美元"。这就又把自己急于打开产品销路的信息透露给了对方，结果无形中导致自己失了先机，最终输给了对方。

那么，怎样才能做到既不影响交谈氛围，又不泄露自己的重要信息呢？

优秀的谈判者往往能够灵活应对谈判，一旦涉及个人信息，他们往往会巧妙地转移话题。不仅如此，他们还能从寒暄中了解对手的信息，抢占先机。

下面案例中的刘峰就是这样的谈判者：

刘峰是一家公司的谈判代表，上个月他和同事去扬州与一家公司洽谈业务。开始谈判前，对方热情地款待了他们，席间，大家不免聊起家常，对方的业务经理张诚问："你是第一次到我们这个地方来吧？"

刘峰说："哪里，我跟这座城市渊源不浅呢。"

张诚又问："这么说，你经常来这里出差？"

刘峰说："我来这里很多次了，不过都是办完事就走。一直听说你们这个地方的小吃很有名，这次商务会谈后一定要好好尝尝美食。"

张诚说："那你准备在这里待多久？我们这里的美食可不是一两天就能全部尝完的。"

刘峰说："我能尝尝几种主要的美食就满足了。对了，来之前我听说你在美食方面也颇有研究。"

这让张诚非常感兴趣，于是他便开始讲述与美食有关的话题。就在张诚滔滔不绝地讲述自己的经历时，刘峰获得了一些重要信息。比如，对方是一个讲原则的人，与他谈判要注意自己的言辞，多说软话。于是，刘峰便使用这种策略让后来的谈判进行得非常顺利。

在整个过程中，刘峰把运用寒暄的高超技巧展露无遗。开始时，对方想要通过寒暄了解刘峰的工作经验，结果他巧妙地避开了话题；第二次，对方想要通过寒暄探知刘峰的谈判期限，也被他巧妙地转移了话题，并趁机激起对方的交谈兴趣，探知了对方的重要信息，然后据此想出了策略，成功地完成了谈判。

可以说，作为谈判者，刘峰充分运用了自己的头脑和口才，这非常值得我们学习借鉴。

▶ 不要把拒绝的话说得太绝

谈判桌上的每个人都有自尊，很多时候你会为了照顾别人的心情不愿说出自己的真实想法，结果使自己陷入了进退两难的境地。给别人留情面固然重要，但是在照顾别人的同时也不能委屈了自己。

《三国演义》中有个十分有才华的人叫华歆，他曾经在吴国孙策手下任职。后来，孙权接替了孙策，但是他并无抱负，只想偏安江东。与此同时，曹操却挟天子以令诸侯，在积极招揽天下英才，华歆便是曹操盛情邀请的人才之一。

华歆决定去投奔曹操 他的朋友、同僚听说后，纷纷带着厚重的

211

礼物登门拜别，这些人馈赠的黄金有数百两之多。

华歆一方面不想接受这些礼物，因为无功不受禄；另一方面，他又不好当面拒绝，怕让人觉得自己不近人情。于是，当时他先将礼物全收下了。

正式出发的日子到了，华歆家里热闹非凡，亲朋好友都来送行。

华歆隆重地设宴款待大家，等到酒宴接近尾声的时候，他对所有客人说："这次远行，我没有想到竟然会收到这么多礼物。我本来不想拒绝大家的好意，可是，考虑到我这次单车远行带着这么多贵重物品上路，恐怕太危险了。所以，各位的好意我心领了，礼物还是请大家各自带回吧。"

众人听后，知道华歆顾全了大家的面子，只好将礼物带回，并且颂扬了华歆的高尚美德。

华歆一开始为了顾全亲友的情面，接受了亲友的礼物，后来又当众含蓄地退回了礼物，大家不但没有责怪他，反而都对他敬佩有加。这就是拒绝的艺术。

同理，我们在谈判桌上也要注意说"不"的态度，既不能唯唯诺诺，又要在拒绝对方的同时给他足够的尊严。

如果想要拒绝对方，也不能把话说死，类似这样的话不要说："我们绝对不会跟你们合作。""我们再要是跟你们这样的公司合作，那太阳真的会从西边出来。"因为，把话说死，轻则让自己尴尬，重则让公司错失良机，蒙受损失。

所以，你要委婉地拒绝对方，比如："要不这样吧，你把资料和联系方式留下，有消息我们会及时通知你。""我们需要时间考虑一下，等有结果了我们会第一时间通知你。"

一家服装公司新设计了一批冬装，因为款式时髦且精致，一上市就被抢购一空。因此，公司决定赶快再购买一批原材料进行生产，不承想，当时进原材料的厂家没有库存了。这个消息不胫而走，很快就有一些毛纺厂的销售员来到服装公司洽谈业务合作。

服装公司立即派出采购科的业务代表李桐跟对方进行谈判。在洽谈过程中，李桐了解到，有一家毛纺厂最近不是很景气，就连老客户也纷纷离他们而去。

李桐想，跟这样的毛纺厂能合作吗？于是，他对这家毛纺厂的业务员说："你可能要白跑一趟了，因为我们已经跟另一家毛纺厂签了合同。"

毛纺厂业务员见多识广，知道这是李桐的推诿之词，便试图打消他的顾虑："我们厂以前在业界很有名，后来因为卷入一起经济纠纷中导致信誉受损。其实，我们还是很有实力的，而且我们的布料绝对有保障，不信你看看，我特地带了一些布料样品来。"

毛纺厂业务员从背包里掏出几块儿上好的布料样品来。李桐看后，发现布料确实是上乘的，但还是觉得这家毛纺厂不够可靠，况且，还有几家不错的毛纺厂可供选择，所以不必去冒险。

于是，李桐很不耐烦地说："你也别费劲了，就算你们的原料是最好的，做工是最细的，我们也绝对不会跟你们合作。"

毛纺厂业务员很无奈，但他还是做了最后一次努力，递给李桐一份关于他们厂的详细资料，还有他策划的合作方案，然后微笑着说："既然这样，我也不勉强了。我把这份资料留下，如果你们公司看后改变了主意，请跟我联系。"

李桐没再说什么，接过对方的资料随手扔在了会议室。

不料，这份资料后来被经理看到了，他立即向李桐询问情况。李桐大致地说了那家毛纺厂现在的处境，并且以为经理会同意自己的做法。谁知，经理却说："不用再跟其他毛纺厂谈了，就定这家了。"

李桐只好硬着头皮联系那位毛纺厂业务员："不知道你有没有空，方便的话，我们谈谈合作的事。"

毛纺厂业务员反问："你不是说绝对不会跟我们合作吗？"

这让李桐有点尴尬，他很不好意思地说："抱歉，我把话说得太死了，差点错过了你们这么好的合作伙伴。"

在商务谈判中不能把话说死，那样很可能是"搬起石头砸了自己的脚"。商场瞬息万变，你永远不知道下一秒会发生什么，况且，人难免会有失误的时候，你不能保证自己永远正确。所以，为了避免自己陷于被动位置，不妨把话说得委婉一些。

进退自如，才是实现共赢的明智谈判之道。

没到签约时，谈判不算结束

谈判中最重要的环节，当然是签协议。不论你把谈判的开场、中场、僵持阶段处理得多漂亮，关键还是要拿到一纸合同。但是，当谈判进入到签合同这最重要的一环时，千万不要因为过度兴奋而忽略了对合同的审查。

当然，现在的协议动辄几十页，如果从头审读的话，就算你有耐心看，对方也不一定有耐心等。

谈判时，双方对主要问题往往都抱着高度警惕的态度，但是对一些小问题比如交货方式等很可能会一带而过。如此一来，就不可避免地出现了模棱两可的情况。

对于有法律保障的合约，如果谈判双方都能非常诚信地执行，这是皆大欢喜的事。但是，如果有人偏偏针对合同的漏洞做出背信弃义的事来，那就麻烦了。遇到这种情况，我们能做的就是终止合作。然而，但凡遇到这种背信的行为，若是契约没有法律保障，想要挽回损失简直犹如水中捞月。

俗话说："害人之心不可有，防人之心不可无。"谈生意做买卖，总要牵扯到利益，难保他人不会在暗处搞破坏。这时候，白纸黑字的合约就是一种保护，在捍卫你的合法利益的同时也保障了对方的利益。

所以，当谈判进入收官阶段胜利在望时，一定要坚持让自己拟定的协议或是合约被执行，这样才能赢到最后。

某民营小厂研发出一种新型商用螺母的铸造技术，并投入了生产。一家大企业听说后，前来参观。看过这家民营小厂的新技术后，对方表示非常感兴趣，希望能共同合作发展。

当时，这家民营小厂的资金周转很困难，对此是求之不得。于是，双方在饭店里就坐下来正式开谈了。

谈判中，由于民营小厂的厂长黄涛没什么谈判经验，对对方的种种要求都满口应允，没多久，他们就签订了合作协议。

但是，事后在执行合同的过程中，黄涛逐渐发觉合同中的许多条款对自己极为不利，比如合同中有这么一项规定：产品由对方负责销售，却没有明确定价。如此一来，厂子就得把运费白白搭进去。

这还不是最糟的，就在双方刚合作了一段时间后，对方竟然宣布：由于销路不好，货款要不来，他们赔进去的成本需要两家共同分担。这让黄涛叫苦不迭，因为当初签的合约上写的只是利润四六分，并未提到任何责任赔偿事宜。

可见，为了保证自己的利益，谈判前一定要自拟好合约。

那么，在条件允许的情况下，自拟定合约到底有哪些好处呢？

首先，这能够清楚表达自己的观点和意见。

在商务谈判中，虽说一般不会出现因合约不详而导致失败的情况，但是由于立场不同，双方写出的合约往往会有一定的差别。所以，自拟合约能够清楚地表达自己的观点和意见。

其次，这便于自己选择对己方有利的内容。

谈判时，无论双方进行了多么详细的沟通，都可能会遗漏一些细节。所以，自拟合约时要把那些对己方有利的遗漏内容补充进来。

最后，这能让自己在时间上占有主动性。

一旦你抢占了先机，就可以决定写合同的主动权。再者，这也是考虑到了发现问题可及时解决的需求。要知道，人性是懒惰的，如果眼前摆着现成的方案，而它又无关痛痒的话，多数人都会倾向于说："好，就这样吧。"

这时候，多数人会认为，与其跟对方坐下来针对某些细节逐一展开讨论，倒不如选择现有的方案。换句话说，通过草拟合约，你能主导很多细节。

那么，怎样才能写好合约呢？下面三个要领值得注意：

首先，在谈判中做好记录。

在谈判的开局和中局，基本还涉及不到谁起草合约的事情。即便如此，你也要在谈判的过程中做好记录。如果是你起草合约，要记得把对方答应的条件写进去，同时也不能遗漏对对方的承诺，避免产生不必要的误会。

其次，每次都要仔细审读合约。

"差之毫厘，谬以千里。"为此，从合约的起草到完稿，每次都要反复地仔细审读，以便进行适当的修改。然后再仔细审读全文，对比原文件和修改后的文件，检查是否有遗漏之处。

最后，请旁观者审读指正。

俗话说："旁观者清。"很多时候，你自认为已经说清楚的事情，别人未必能懂。所以，当你把合约交给对方之前，最好让己方其他成员审读一遍，若有不当之处要及时改正。

值得注意的是，在商务谈判中千万不要贸然签约，否则会跌进对方的陷阱里。

▶ 谈判结束后，记得向对手表示祝贺

什么才是成功的谈判？

那就是在谈判之后，你让对方感觉到他赢了。当对方在谈判后有了胜利的感觉，他往往会自鸣得意，也就不去计较那些小的得失了。

如此，你可以向对方表示祝贺，并把这当成一种礼节。因为，尊

重对方是谈判的基本要求，如果你连这一点都做不到，那就没有合作的必要和可能了。也就是说，当谈判结束后，无论你感觉对方有多糟，也要表示对他的祝贺。

完整的谈判过程包括开始、进行与结束三方面，一个优秀的谈判者会兼顾到全部。谈判开始时要注意措辞，过程中要掌握好策略，结束时要注意细节。这里需要注意的是，很多谈判者对谈判的开始和过程可能会格外注重，而往往会忽略结束的地方。

其实，谈判结束后还有很多话需要说，比如与对方握手表示祝贺，与对方微笑告别……注意这些细节能给对方留下好印象，实现共赢。

一部电视剧里有这样一段剧情：有一家公司生产了一批电子产品，而且马上就可以上市了。这本来是一件开心的事，但是公司的负责人王董很焦虑，因为公司还没有找到合适的明星作为代言人。

王董关注了一阵子娱乐资讯，终于选定了自己中意的当红女明星做代言人。但约了对方几次，人家总是没空。终于等到对方有空了，王董立即亲自去跟她洽谈。

不巧的是，这名女明星已经答应给另一家电子产品公司代言，她明确地告诉王董："真的很抱歉，我不能同时代言两家同类产品，这不利于你们的发展，也有孛于我的职业道德。不过，真的很感谢你能给我这么好的机会。"

听到这里，王董着实很失落，但他还是面带微笑地说："没关系，我们迟了一步，下次有机会再合作。"离开前，他还友好地握手道别，

"谢谢你能抽时间见面，也祝贺你能为××手机代言，希望以后你也能为我们的产品代言。"

女明星以为王董当时会冷漠地离开，没想到他竟然友好地表示了祝贺，这给了她很大的触动，她真诚地微笑道："一定。"

后来，王董想换公司旗下的服装品牌代言人，这次他还是很希望由那名女明星代言，于是便亲自去找她商谈。没想到这次很顺利，女明星一口就答应了，还说："上次没帮你代言，真是很抱歉，这次我就恭敬不如从命了。"

让王董更高兴的是，由于这名女明星的代言，他们的服装销量直线上升。

王董在第一次谈判结束时的友好态度，给这名女明星留下了深刻的印象，赢得了她的好感，所以在王董第二次跟她谈合作时，她欣然答应了，最后实现了双赢。这就是"道贺"的魔力。

谈判结束，别忘了跟对方道贺——即使这次你没有成功，但可以对他与别人的合作表示祝贺。比如说："虽然我知道我们并没有争取到理想的结果，但很幸运的是，你们让我从中学到了很多东西，谢谢你们，也祝贺你们合作成功。"

当然，假如双方促成了合作，那你就更应该要祝贺了，你可以说："预祝我们合作愉快！"也可以说："久仰你们的大名，今天算是开了眼界，佩服你们，也恭喜你们！"

当然，道贺的话不是越夸张越好，赞美更不是越多越好——相反，贵在真诚，点到为止。假如对方在谈判中的表现略胜一筹，不妨心悦诚服地表达一下赞美，同时送上祝贺，这样对方才听着舒服，也会深深地记住你的礼貌。

总而言之，谈判结束后要记得向对方道贺，注重这一细节，对合作有益无害。

▶ 谈判的目的是双赢

要想在谈判桌上说服对方，往往就要相应地给对方带去一定的利益。可是，有时候你并不能马上给对方带去现成的利益，但至少也要让对方看到自己的利益，或者是许诺给对方利益，这样才能打动对方。

苏克在房屋中介公司上班，两天前他的一位客户看中了一套二手房，可能是第一次购房所以比较谨慎，客户想约业主面谈。

两个人见面后，客户动之以情，向业主诉说自己有多不容易。他说现在房价太高，新开盘小区的房子买不起，跟未婚妻商量了好久，她才同意买二手房；他们不是本地人，在大城市打拼不容易，父母把养老钱都拿了出来，他们才交得起首付等，希望业主能让一些利。

虽然业主表示理解客户的处境，但一口回绝了他的请求。所谓交易，是双方之间用利益互换，而非用情感去换取单方的利益。说白了，就是一手交钱一手交房的事。客户想打感情牌，怎么不想想对方的立场，谁愿意亏本卖人情呢？

最后业主找到苏克，希望苏克再给他介绍一些新客户。

在这个案例中，客户在谈判时始终围绕着自己的利益关系——他希望业主可以降低房价，但这无疑让对方损失了利益，所以谈判失败是意料之中的事。

前段时间《谈判官》热播，剧中第一场谈判就是快闪公司和耶普公司进行合并。

这两家公司都做了一款打车 APP，在市场竞争上旗鼓相当。于是，两家企业的创始人打算合并，可谈判进行到一半时，快闪创始人陈莫犹豫了，虽然继续与耶普公司竞争不是上策，但他不忍心放弃自己的公司。

耶普公司创始人非常想跟陈莫合作，于是请来谈判官童薇相助。童薇用最短的时间了解了两家公司的信息后，代表耶普公司和陈莫进行谈判。

首先，童薇指出如果两家公司不合并，司机可以钻空子获利，让陈莫了解到继续斗下去带来的不利影响，从而要协调矛盾、解决问题。陈莫提出的顾虑是因为他考虑到，两家公司合作以后，耶普公司会在市场上一家独大，任何行业缺乏竞争力都是一件坏事。

这时，童薇唤醒陈莫的创业情怀，并站在用户的角度去分析问题：如果两家公司继续斗下云，用户也会受到影响，最后陷入出行打车不方便的状态。陈莫当初创做这个 APP，是为了解决人们的出行问题，这种结果是他最不愿看到的，同时也会给两家公司带来相当大的损失。

接着，童薇对陈莫说："一家独大肯定是不好的，但两败俱伤也是您不愿意看到的，对吧……我希望您能给自己一个机会，也能给我们用户一个机会。您觉得呢？"

陈莫考虑了很久后，答应合并公司。

童薇之所以能成功，是因为她一直站在对方的立场思考。试想，如果童薇自始至终都围绕着"你不能再跟耶普公司斗下去"这个中心点说服陈莫，而不告诉他这样做对他有什么好处的话，他是绝对不会动心的——相反，他可能会躲得远远的。

在谈判中，我们不妨明确地告诉对方合作后彼此的获益————真诚地向对方阐述清楚"一荣俱荣，一损俱损"的道理，拉近双方的距离，从而促成交易。

真诚是难得的品质，有时候一个人的成败不在其努力的程度，而在于是否真诚。日常生活中如此，谈判中更是如此。

离开象牙塔，就要懂社会礼仪

刚入社会的大学毕业生，身上难免还带着"学生气"。但职场不是学校，同事不是同学，如果你不懂得及时调整心态，将很难与同事相处。因此，对方也许只会把你当成"小孩"，而不是能与他并肩合作的同事。

很多职场新人并没有认识到这一点，在入职以后，他们根本不能很快转变角色，在工作中很难融入职场环境。

《论语》里记载，有人问孔子，怎样才能成为一名君子？孔子的回答是："兴于诗，立于礼，成于乐。"也就是说，如果想成为君子，要先读《诗经》，让自己变得有文化；但要想变得成熟，就必须学习礼仪；伟大的人格在音乐中才能得以实现。

由此可见，礼仪是一个人摆脱"学生气"走向成熟的标志。

陈韬大学毕业后，顺利地应聘成为一家饮食设备公司的市场专员，主要负责销售以及市场推广工作。

陈韬的专业很扎实，曾先后参与制定完成了公司的两种质量体系的认证工作。但由于工作涉及市场营销，他认为这与自己的职业目标不符，在干了一段时间后就选择了辞职。

随后，他又应聘到了一家物流公司，担任物流部主管助理，主要负责各部门的协调、业务开展等一系列工作。

陈韬本以为自己能干好这个职业，但在具体的工作中遇到了很多问题。比如，在上下级关系的处理上，他常常是顾了东顾不了西，无法把各个环节掌控好。

陈韬认为，人际交往问题阻碍了自己工作能力的发挥，于是再次跳槽。

遗憾的是，尽管陈韬先后又跳槽了几家公司，但都没有待多长时间。他总认为公司给自己安排的工作根本不能发挥自己的专业技能，而复杂的人际关系问题也使他无法在公司里长久地干下去。

陈韬为什么总会出状况呢？原因就在于他过于注重专业技能的发挥，而忽视了自己作为职场新人要与同事、上下级进行交流。

其实，陈韬的经历正是如今很多职场新人会遇到的问题。他们忽视了这样的现实：在职场中，专业能力只是把工作做好的一个方面，而人际关系问题的处理，则是在很大程度上决定着工作成败的另一个方面。

因此，职场新人要想成为一名真正的职业化人才，就必须摆脱自己的"学生气"，提升自己待人接物的能力，把自己训练成一个职场人。

那么，如何打造自己的职业化道路呢？以下几点可以参考：

首先，少说话，多观察。

很多职场新人总是眼高手低，而且不善于控制自己的情绪，往往在没有看清问题时就高谈阔论，这会给同事留下自负的印象。如果同事对你产生反感，有可能故意刁难、打压你。因此，学会少说话，多观察，多思考，才是最重要的。

其次，少谈理论，多实践。

这是职场中的大忌，但很多职场新人都会忽视，他们总能提出近乎完美的观点、计划，却忽略了理想和现实之间的差距。其实，无论是在职场中还是生活里，我们都应该脚踏实地地做事，而不是做出多么漂亮的方案而没有办法去实施。

最后，少称兄道弟，多学点职场礼仪。

很多职场新人喜欢跟同事称兄道弟，但一定要记住，在工作场合不要表现得过于亲昵、毫无拘束，这是最起码的职场礼仪。我们要多学习同事之间的相处之道，因为在职场中，同事与同事之间还存在着利益关系呢。